Les grands empires musulmans au tournant du XVIe siècle et les conquêtes ultérieures de l'Occident.

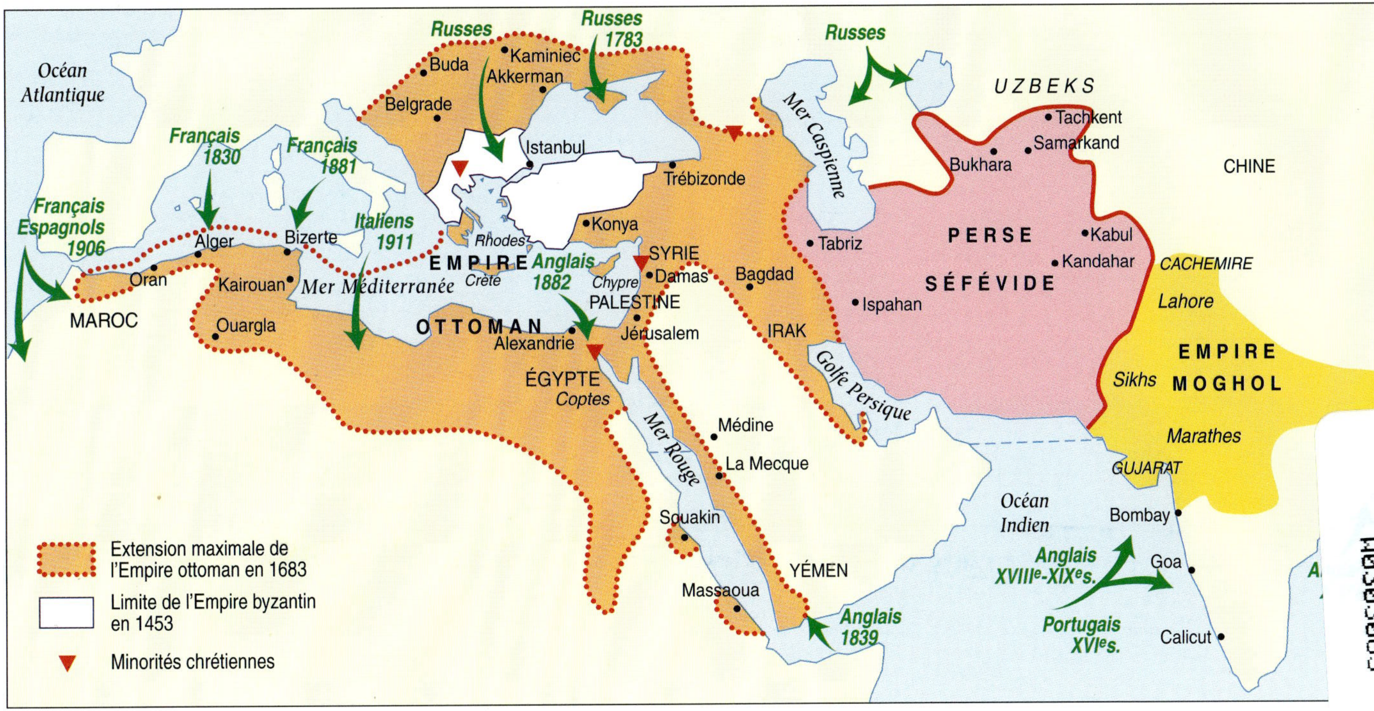

LE CHOC DE L'ISLAM

MARC FERRO

LE CHOC DE L'ISLAM

XVIIIe-XXIe SIÈCLE

Odile Jacob

15, rue Soufflot, 75005 Paris
www.odilejacob.fr
ISBN 2-7381-1146-7

AVANT-PROPOS

Ce choc, celui de l'islamisme et plus largement celui du retour de l'Islam, c'est, bien sûr, celui que l'Occident ressent ; mais n'est-ce pas également le choc en retour des traumatismes que l'Orient a connus ?

À mesure que cette enquête progressait, elle m'a échappé et se sont découvertes les différentes voies que, depuis deux siècles, les mondes de l'Islam ont empruntées pour régénérer.

Au nom d'un islamisme vengeur, la dernière née a vu se croiser, avec les attentats du 11 septembre 2001, les techniques les plus avancées et des pratiques du sacrifice héritées d'un autre âge.

Or la plupart des autres tentations de l'Islam — la modernité, la réforme, la nation, etc. —, renvoient comme sur un miroir à des pratiques qui sont aussi les nôtres. Ce qui témoigne de l'insertion de ces sociétés dans notre civilisation, dans notre monde. Mais leurs voies s'entremêlent, elles désorientent.

Tel se présente ce parcours : pour le suivre, le rendre clair, je demande au lecteur de se laisser prendre par la main...

Ouverture

Étant donné que certains noms propres proviennent de l'arabe, du persan, du turc ou de l'urdu, nous avons procédé à une uniformisation des graphies en nous appuyant sur l'orthographe des ouvrages spécialisés cités dans la bibliographie.

Pour sortir d'une vision occidentale de l'Histoire

2001 : attaque-surprise sur New York. 1979 : révolution islamique en Iran. Par deux fois, l'Occident a été frappé de stupeur devant des événements imprévus, impensables, inintelligibles.

1979 : « révolution islamique », deux termes apparemment incompatibles. En effet, la mémoire historique de l'Occident a toujours dissocié la religion de l'idéal révolutionnaire, de ces Lumières qui l'ont combattue. Plus encore, au XXe siècle, l'Islam apparaît comme une survivance, une sorte d'archaïsme pour un monde occidental soulevé par le progrès, en voie de laïcisation, en route vers le socialisme. Sous l'angle du développement industriel, encore embryonnaire chez eux, les pays d'Islam paraissent doublement disqualifiés pour entreprendre ce qui, aux yeux de l'Occident, demeure la prérogative du monde occidental : le combat révolutionnaire mené par des partis « ouvriers ». Tout au plus, au cours du siècle, ces pays d'Orient sont-ils apparus comme un facteur de la politique internationale, non comme un de ses moteurs qui animerait « la marche de l'Histoire ». Par exemple, au lendemain de la Seconde Guerre mondiale, l'Occident n'a voulu voir dans leur soulèvement pour obtenir l'indépendance qu'une manipulation des Soviétiques ou des Américains. Déjà cinquante ans plus tôt, lorsque la première crise iranienne éclata en 1908-1911 à Tabriz, une ville industrielle où les ouvriers du textile se heurtèrent à leurs patrons, la Deuxième Internationale socialiste n'y vit qu'un moyen de combattre les impérialismes russes et anglais en Perse : le fait qu'un parti socialiste s'y était constitué, avec ce que cela pouvait impliquer, à savoir que les Iraniens avaient une vision révolutionnaire de leur avenir, passa complètement inaperçu !

Toujours en Iran, quand éclate la révolution qui chasse le Chah en 1979, pour des Occidentaux habitués à voir dans les révolutions passées de 1789, 1830, 1848 la victoire de la bourgeoisie sur l'alliance du trône et de l'autel, ce qui se passe là-bas en Perse, c'est-à-dire l'alliance du clergé chiite, de la bourgeoisie du bazar et des intellectuels contre le Chah « modernisateur », est inintelligible : aucune analyse à l'époque n'est capable de donner un sens à la prise du pouvoir par Khomeiny.

En 2001, passé la stupeur que provoque la fin de l'inviolabilité du territoire américain, une sorte d'opacité recouvre les données des attentats du 11 septembre. En témoignent les réactions d'incrédulité des citoyens américains qui ne comprennent pas pourquoi on les frappe. En témoigne également l'absence d'objectifs déclarés de ces attentats commis au seul nom d'Allah, non explicitement revendiqués et donc attribués à une nébuleuse islamiste* associée au nom d'Oussama Ben Laden.

---

* Les termes suivis d'un astérisque figurent au glossaire en fin d'ouvrage.

Ainsi, l'identification des processus historiques dans le reste du monde hors de l'Occident nous a rendus indifférents à des formes d'évolution comme à des problèmes venus d'ailleurs. Mais il existe d'autres données qui rendent compte de cette incapacité à les analyser dans les mondes de l'Islam.

Et d'abord, l'utilisation de termes normalement utilisés pour connaître et comprendre le passé comme le présent des sociétés occidentales. Celui de « religion », en premier lieu, qui nous sert à comparer le judaïsme, le christianisme et l'islam, les trois religions « révélées », comme s'il s'agissait au fond d'une même réalité. S'il est vrai que ce terme de « révélation » incite, justement, à des croyances et à des pratiques qui peuvent avoir été et demeurent comparables, celles-ci ont pourtant varié mais pas simultanément dans les trois religions.

De fait, pendant de nombreux siècles — de la destruction du Temple de Jérusalem jusqu'à la création de l'État d'Israël —, le judaïsme a bien été une religion, et une religion au sens occidental et actuel du terme. Alors que dès la conversion de Constantin, en 312 après Jésus-Christ, le christianisme a été associé à l'État avant de se fondre avec lui, si bien que les modalités du rapport entre l'Église et l'État ont nourri toute l'histoire de l'Occident. À l'inverse, l'Islam, dès l'origine, est à la fois État, pouvoir politique et communauté, l'ensemble ne faisant qu'un avec la religion. Celle-ci n'est pas un simple secteur de la vie, même si, selon les circonstances, ses adeptes passent d'une religiosité molle, avec ses conformismes, à une foi profonde — ou l'inverse. De sorte que des distinctions telles que la séparation entre l'Église et l'État et celle qui se formule entre la vie privée et l'ordre public n'ont pas le même sens que dans le monde chrétien. La dissociation qui peut exister en Occident entre ces instances n'implique pas, partout et à tout moment, une désintrication idéologique du politique et du religieux. L'Islam est en quelque sorte une « culture historique à laquelle s'agrège l'État » (A. Laroui). De fait, l'orthodoxie distingue, d'une part, dès le IXe-Xe siècle, l'État islamique théocratique des origines, cas historique « miraculeux », et, d'autre part, les États musulmans ultérieurs, non théocratiques et jamais cléricaux, qui séparent le politique du religieux.

Ainsi, en pays d'Islam, le politique fonctionne dans un rapport spécifique avec la religion, l'art de gouverner peut s'exprimer à sa manière, de façon autonome, par exemple par des sentences. « La royauté survit à l'incroyance mais pas à l'injustice », affirme le *Traité de gouvernement* de Nizâm al-Muk au XIe siècle. Il s'est constitué une sorte de théorie du pouvoir, du gouvernement, tel ce « Cercle de l'équité » qui peut prendre des figures variées, comme dans ce traité du XIIe siècle, les Conseils du Cheikh* Hârâwi à un prince ayyoubide : « Le monde est un jardin dont la clôture est l'État ; l'État est un gouvernement dont la tête est le Prince ; le Prince est un berger qui est assisté par l'armée ; l'armée est composée d'auxiliaires entretenus par l'argent ; l'argent est le moyen de subsistance fourni par les sujets ; les sujets sont les esclaves qu'asservit la justice ; la justice est le lien par lequel se maintient l'équilibre du monde. »

Ces cas n'empruntent pas à la médiation religieuse, mais il en est d'autres qu'a étudiés Jocelyne Dakhlia pour l'époque ottomane et qui témoignent que les catégories apparues dans les sociétés occidentales — souvent empruntées à Renan, telles que, « en pays d'Islam, politique et religion se confondent » — peuvent empêcher de comprendre le fonctionnement des pays d'Islam — on aura à revenir sur ce point central.

Corollaire de cette difficulté à choisir les termes appropriés et associés à l'histoire des pays occidentaux, l'identification des phénomènes de l'Islam aux destinées du monde arabe et à lui seul.

Certes, cette identification est normale et légitime pour qui se réfère à la naissance de l'Islam, à son expansion, au privilège qu'exerce la langue arabe, au rayonnement de la civilisation, à la renaissance du nationalisme, voire au rôle du wahhabisme, l'un des foyers de l'« intégrisme* », apparu en Arabie également, pays où s'est nouée récemment l'alliance du pétrole et de la foi.

Néanmoins, pour l'intelligibilité des phénomènes de ces derniers siècles, cette identification risque de fausser l'analyse. Non pas parce qu'il y a quatre fois moins de musulmans arabes que de non arabes, ni encore parce que l'Islam de Java, par exemple, différerait largement de celui qui règne en Arabie ou au Maroc, mais bien parce que les foyers de régénération de l'Islam aux XIXe et XXe siècles ne se situent pas nécessairement à l'intérieur du monde arabe, du moins tel qu'il a pu se définir. Ainsi, lorsque renaît un mouvement national arabe à la fin du XIXe siècle, il comprend, pour ceux qui s'en font les chantres, la péninsule arabique et le Croissant fertile — Syrie, Irak, Palestine —, mais non l'Égypte qui n'est pas considérée comme un pays arabe. Or c'est là, en Égypte, que naît l'un des plus puissants mouvements de régénération de l'Islam, celui des Frères musulmans.

Plus tard, après l'échec des dirigeants, tel Nasser, qui veulent unifier le monde arabe, c'est d'Iran, non du monde arabe, que part le souffle de la révolution islamique dont les effets ébranlent toute une partie du monde méditerranéen. Faut-il rappeler que bien auparavant, à l'aube de ce siècle, c'est au sein du monde tatar et turc que s'est affirmé le premier grand mouvement réformiste musulman, comme c'est au congrès de Bakou que l'Islam révolutionnaire a pris son élan.

Certes, l'Arabie avait, à cette date, et même auparavant, sécrété le wahhabisme, mais l'Inde musulmane, avec Wali Allah, avait eu elle aussi son mouvement de régénération. Cela signifie que la volonté de régénérer l'Islam a ainsi eu plusieurs pôles et non un seul.

Aujourd'hui, la nébuleuse islamique qu'a animée Ben Laden est certes dirigée par un Arabe, mais, précisément, celui-ci se veut musulman plutôt que citoyen de tel ou tel État ou de telle ou telle nation. Dans la lutte armée qu'Al Qaïda livre à l'Amérique, ses compagnons se disent tous afghans même s'ils viennent de Tchétchénie, d'Algérie, d'Arabie ou d'ailleurs. Dans l'imaginaire héroïque des populations musulmanes, ils ont pris la relève des Palestiniens — qu'ils soutiennent par ailleurs — quand bien même ceux-ci se voudraient tout autant arabes que musulmans.

Facteurs d'incompréhension encore, la nature des autres catégories choisies pour analyser les développements de l'Histoire ainsi que les rapports établis entre elles : nation, révolution, laïcité, etc. Ainsi, aux XIXe et XXe siècles, théoriciens et doctrinaires, qu'ils soient libéraux ou socialistes, donnent au déroulement de l'Histoire un sens et une direction déterminés que la suite des événements a confirmés ou démentis. Par exemple, que les nations sont des formations transitoires, plus ou moins liées à l'essor de la bourgeoisie, qu'elles représentent un

« progrès » par rapport aux formations précédentes — ici la féodalité, ailleurs des communautés, tribus, etc. —, mais que le développement des économies ou encore la révolution feront disparaître. Ces idées survivent aujourd'hui, à l'heure de la mondialisation, tantôt portées par les ultra-libéraux, tantôt par les nostalgiques du léninisme, ces anciens ou nouveaux de l'ultra-gauche qui annoncent la disparition des nations.

À ce diagnostic, qui émane d'une analyse dite « scientifique », s'ajoute un jugement moral. Portés au rouge et au brun, les crimes de l'État-nation ont été tels, au XXe siècle, voire ceux des États-nations tricolores anglais et français dans les colonies, que l'idée qu'on se fait de l'avenir veut ignorer que cet État-nation, auquel la société occidentale fait néanmoins toujours appel comme une sauvegarde, est demeuré pour beaucoup une providence. Et que, hors du monde occidental, il a pu également libérer les colonies de bien des héritages du passé.

Hormis ce procès, on peut certes observer que ce statut historique de « stade » ou de « transition » s'est parfois réalisé. On pense, dans le passé, au royaume d'Arles disparu, à l'État khazar, au duché de Bourgogne, etc. ; dans le présent, à l'affaiblissement de cet État-nation lié à la mondialisation, à la construction européenne ou à la régionalisation. Mais on observe aussi qu'il peut réapparaître, et c'est bien le cas en Arménie ou en Israël, voire apparaître tout simplement, par exemple en Biélorussie, chez les Sahraouis ou les Palestiniens ; que sa glorification demeure l'un des traits de la religion américaine.

Les exemples ne manquent pas — le passé récent en a fourni beaucoup — où l'événement a pu démentir ce diagnostic sur le sens de l'Histoire. Mais il s'est longtemps perpétué : ainsi, au tout début des années 1950, les communistes algériens niaient que, dans ce pays, il y eût un problème national, ils affirmaient que le problème était essentiellement social, que le nationalisme « détournait » l'Histoire de son cours. Cette position doctrinaire ne datait pas d'hier. Ainsi, lorsqu'en 1916, en pleine guerre mondiale, sous l'auspice des pays neutres se réunit à Lausanne une Conférence des nationalités où affluent Égyptiens, Tatars, Polonais, Tunisiens... — 27 nations —, les révolutionnaires socialistes qui se trouvaient alors en Suisse — Lénine, Martov, mais pas eux seulement — ignorent jusqu'à son existence tant la revendication nationale leur paraissait surannée et étrangère à leur projet social et révolutionnaire, à l'idée même qu'ils se faisaient du déroulement de l'Histoire.

Le concept de révolution s'est lui aussi refermé sur sa définition occidentale. *A contrario*, en mai 1918, s'interrogeant sur l'espace le mieux adapté au succès de la révolution mondiale, alors qu'il s'en déroulait une sous ses yeux, Konstantin Trojanovski, un militant révolutionnaire, jugeait qu'avec son puissant clergé, sa tradition de résistance aux envahisseurs, sa position entre le monde turc, le monde indo-musulman et le monde arabe, il ne faisait aucun doute que la Perse et ses confins étaient les mieux placés pour servir de carrefour et de foyer à la révolution de demain. Ce jugement signifiait que la révolution russe n'avait pas pour tous la signification que lui donnaient ses animateurs. De fait, en Iran, en Afghanistan, au Caucase, plutôt qu'un mouvement socialiste ou une manifestation de la lutte des classes, la révolution de 1917 était ressentie comme un éveil des nations qui se libéraient de l'Empire des tsars : les principaux événements n'y étaient pas les journées d'avril ou d'octobre, comme le répète la vulgate occidentale, communiste ou non, mais les assises du mouvement musulman à Kazan en mai ou l'éclosion d'États musulmans nouveaux, tel celui des Ouzbeks à Kokand en Ferghana.

Ainsi le contenu donné à la révolution, la signification et la portée des mouvements nationaux, l'utilisation de termes à signification variable, qu'il s'agisse de l'État, de la nation, de la lutte des classes ou de « nations prolétaires », concept imaginé par le Tatar Sultan Galiev, autant de projets, d'instances, d'idées qui se croisent et interfèrent pour différencier le sens de ces événements et les rendre plus opaques.

Autre facteur d'incompréhension, cette vision européocentrique du déroulement de l'Histoire qui prédétermine nos systèmes d'interprétation. Ainsi, dans ce regard sur le passé domine cette constatation qu'à la fin du XVIe siècle, comme l'a montré Fernand Braudel, la dynamique des activités économiques se déplace, avec la conquête des Amériques, de la Méditerranée vers l'Atlantique. Or ce bouleversement a eu pour effet, entre autres, de déplacer notre regard de sorte que les pays d'Orient n'ont plus été observés, désormais, que de profil.

Pourtant, ce XVIe siècle est également marqué par l'apogée des trois grands empires musulmans : celui des Ottomans, de la dynastie des Séfévides de Perse, du Grand Moghol en Inde. L'ombre portée de la conquête des Amériques, de la lutte entre l'Espagne et l'Empire ottoman, de la bataille de Lépante, cache ainsi au regard de l'Occident la guerre que les sunnites* ottomans livrent aux chiites* de la Perse séfévide, comme elle dissimule l'invasion de l'Inde par les Afghans et l'occupation de

Delhi par Nadir Chah. La renommée de Séville ou d'Amsterdam, la fascination par l'or du Potosi, font oublier celle de Damas, ou de Bagdad, ou de Boukhara, et bientôt d'Ispahan.

À regarder les rapports entre ces mondes et l'Occident à partir de ceux-là, plutôt que de l'Europe, quelques constatations s'imposent. Bien que toutes simples, elles ne sont pas nécessairement apparentes si l'on conserve par-devers soi une vision et un schéma européocentriques de l'Histoire. On le sait, cette vulgate perçoit l'expansion européenne comme une recherche de la route des épices et de l'or, une volonté de christianiser, puis un apogée impérialiste de domination du monde au nom du progrès et de la civilisation. Cette entreprise fut alors soutenue par une bonne partie de l'opinion publique qu'attise la rivalité des puissances coloniales entre elles avant que les États-Unis, puis le Japon, ne deviennent *outsiders* puis rivaux de la vieille Europe.

Cette histoire se place sous le signe du développement ou de la décadence, de la continuité ou de la rupture, de l'énergie de ses agents, prêtres ou guerriers, seigneurs ou marchands, ouvriers, capitalistes ou cadres. Au regard de ce miroir, les mondes de l'Islam sont apparus figés : « Nous bougeons, ils n'avancent pas ; nous les avons pris en "bas âge", dit l'Occidental, ils portent toujours les mêmes vêtements. »

Uniforme et inchangé, tel est aussi un des traits du regard occidental sur les autres quand il en retrace l'Histoire.

« Il faudrait créer maintenant un parti français », déclarait, en 1998, le chef d'une ancienne wilaya (région militaire) de la guerre d'Algérie. Par cette exclamation, en forme de boutade, il réagissait à la dérive criminelle qu'endurait son pays. « Nous ne sommes ni arabes, ni musulmans, mais méditerranéens du Maghreb », ajoutait-il, mettant ainsi en cause la politique d'arabisation et d'islamisation qu'on avait pu y mener depuis l'indépendance. Certes, face au colonialisme français, bien des Algériens s'étaient voulus arabes, et l'Islam les avait aidés à assumer et à renforcer leur identité. Ainsi, de refuge, leur Islam était devenu une force, une énergie.

Or les attributs de cette identité peuvent varier selon les besoins, les urgences.

« Ils étaient juifs, résistants, communistes », notait Annette Wievorka en évoquant des groupes de francs-tireurs pendant la guerre en France. Or, après guerre, certains se sont sentis essentiellement communistes, d'autres surtout juifs... Il en est de même pour bien des habitants d'Algérie. Certains étaient avant tout syndicalistes et anticolonialistes, d'autres essentiellement nationalistes, beaucoup se sont sentis d'abord arabes, à l'époque de Nasser notamment, etc.

Aujourd'hui, il en est qui se sentent avant tout musulmans et algériens, d'autres algériens et démocrates, d'autres encore berbères et algériens. Il en est qui, aujourd'hui en France, n'apprécient pas qu'on les appelle « Arabes », jugeant que c'est une dénomination d'origine coloniale. Certains se disent même « afghans » pour s'être impliqués dans les combats de l'islamisme armé contre l'URSS. Au Liban, toujours aujourd'hui, l'identité communautaire — qui n'est pas seulement religieuse — interfère avec une identité panarabe, et des attitudes divergentes envers les Palestiniens, un patriotisme libanais, etc.

De sorte qu'en Algérie comme ailleurs, attribuer à l'ensemble des habitants d'un pays une identité unique et permanente constitue un des traits du regard occidental qui empêche de comprendre les changements qui peuvent s'opérer dans ces pays...

... Jusques et y compris les rapports que ces musulmans entretenaient avec les autres.

Jusqu'au XIXe siècle en effet, dans l'Empire ottoman, chrétiens et musulmans cohabitaient dans une sorte d'imbrication très ancienne. Dans les rapports quotidiens, la charia* comptait moins que la coutume, et les conflits entre chrétiens — orthodoxes, nestoriens, maronites, etc. — étaient aussi vifs que ceux qui pouvaient les opposer à l'Islam, le calife* étant même appelé quelquefois à des arbitrages. Les pratiques du pèlerinage, de la charité, du jeûne collectif, étaient souvent communes aux uns et aux autres, en tout cas voisines. Il existait une hiérarchie entre communautés musulmane et chrétienne, de soumission de la seconde à la première eu égard à son statut de *dhimmi* (vaincue) : peine capitale pour le mariage avec une musulmane, expulsion des fonctions conférant une autorité sur un musulman, etc. Néanmoins, ces populations vivaient ensemble dans un univers ottoman, les unes et les autres étaient solidaires pour fêter ensemble les victoires du sultan. Il n'y avait pas de projet politique chrétien global, conscient (Bernard Heyberger)[1].

C'est la pénétration de l'Occident, à partir du XIXe siècle, qui aboutit à une démarcation plus nette

---

1. Séminaire, CERMOC, Beyrouth, 2001.

entre la culture religieuse chrétienne, appuyée de plus en plus sur l'écrit, et l'Islam dont l'enseignement demeure fondé sur la mémorisation. C'est ainsi que, ranimé par les missions, les ordres religieux, le concept de « minorité chrétienne » s'est peu à peu développé. Mais peuvent survivre des comportements communs, aussi bien à l'autre extrémité de la Méditerranée, à Oran, où pendant plusieurs siècles des Espagnols ont vécu : encore en 1960, en pleine guerre d'Algérie, catholiques, juifs et musulmans gravissaient ensemble, à genoux, lors de leur pèlerinage, la montagne de Santa Cruz. Il reste qu'irréversiblement les représentations de l'autre se figent, que s'accroît la marge des différences et qu'avec la colonisation le signe de leurs rapports s'inverse.

L'écart s'est ainsi élargi entre une chrétienté qui construit l'Orient comme son contraire, l'« orientalise », et ce monde qui a continué longtemps à croire en sa propre éminence avant de subir sa domination et ses balles.

L'État ottoman, qui s'était saisi du califat, n'a-t-il pas démérité ? L'Islam n'est-il pas aujourd'hui en passe de perdre sa force, jusqu'à son identité, malgré son redressement, malgré la décolonisation ?

Question lancinante, cruciale, et qui se trouve aux origines de ce siècle : « Comment sommes-nous devenus les esclaves des esclaves de nos ancêtres ? Et, devenus libres, ne risquons-nous pas de le redevenir ? »

(1) Esclave à Alger, vers 1690 (Bibliothèque nationale de France).

Le traumatisme : « Comment sommes-nous devenus les esclaves des esclaves de nos ancêtres ? »

Nous avons humilié des émirs plus puissants que toi
Ils se sont agenouillés devant nos lances, leurs femmes ont été nos tapis...
Le galop de nos chevaux a fait tréssaillir les montagnes de Jemanah
Nous avons planté nos tentes à Voutolou et à Dams
Nous avons chassé de cette contrée comme des hyènes tous les ennemis
[qui nous harcelaient.

Chants de guerre et d'amour de l'Islam

Lors de sa première intervention à la télévision Al Jazira de Qatar, Oussama Ben Laden donna des indications indirectes sur sa manière d'analyser la situation historique de l'Islam. En évoquant « quatre-vingts années d'humiliation des peuples musulmans », il faisait allusion, évidemment, à la fin de l'Empire ottoman puis du califat et aux traités qui les ont accompagnées. Cette référence renvoie ainsi à la mainmise des Occidentaux sur le Proche-Orient — Syrie, Palestine, Irak, Jordanie, Liban — qui marque la fin de l'unité d'un monde. Elle ignore ou veut ignorer que ce moment correspond également à la naissance ou à la renaissance d'États arabes indépendants : parce que ces États étaient alors sous mandat et contrôle de l'Occident ? Sans doute. Mais également parce que la création d'États — fussent-ils arabes — allait contre l'unité de l'Islam et accentuait la dissociation de ses instances politiques et religieuses. Ainsi, l'Arabe Oussama Ben Laden se veut moins arabe que musulman, alors qu'il y a quatre-vingts ans, pour se libérer de l'oppression turque, ottomane, les populations arabes du Proche-Orient se voulaient plus arabes que musulmanes, car l'union des Arabes ne pouvait se faire qu'en désislamisant les mouvements d'indépendance pour s'allier les Arabes chrétiens de Syrie et du Liban ainsi que les Coptes d'Égypte.

De son côté, dans sa première intervention publique, en septembre 2001, Ayman al Zawahari, un des leaders du djihad* islamique, fait remonter l'humiliation dont l'Islam serait victime à une tragédie « qui ne devra pas se répéter, l'expulsion des Morisques d'Espagne », en 1492. *A contrario*, il y évoque la glorieuse bataille de Jérusalem, quand Saladin chassa les Croisés du royaume qu'ils avaient constitué en Palestine — double allusion, d'évidence, à l'existence de l'État d'Israël et à sa fin annoncée en terre d'Islam.

Ainsi, l'attachement à une certaine figure de l'Islam, le rejet de la « souillure » que constitue la présence d'« étrangers » sur le sol de sa patrie — et il s'agit là aussi bien de l'existence d'Israël que du stationnement des troupes américaines en Arabie Saoudite depuis la guerre du Golfe —, tels sont les commentaires émis par ceux à qui l'on impute les actes criminels commis le 11 septembre 2001.

Pour prendre toute la mesure du traumatisme ressenti par les peuples de l'Islam, pour bien apprécier leur colère depuis qu'ils ont subi la colonisation, puis, après l'indépendance, les effets pervers de la modernité et de la mondialisation, il faut revenir sur le regard que se portaient réciproquement les mondes de l'Islam et de l'Occident avant ces retournements.

Le monde de l'Orient est convaincu, dès que l'Islam l'enveloppe, qu'il incarne la forme la plus élevée du rapport à Dieu. En outre, la civilisation arabo-musulmane jouit de mille éclats comparée à la barbarie des sociétés d'Occident. Elle en apprécie tout au plus les esclaves, la laine des troupeaux anglais, bientôt les armes. Elle se veut l'héritière du monde grec et persan, de la science indienne, et n'a que mépris pour les pratiques juridiques des Francs et autres Germains, sans parler de leur médecine dont les actes lui paraissent notoirement arriérés.

Dans ces conditions, jusqu'au XVIIIe siècle, le monde islamo-arabe ne s'informe pas plus sur l'Occident que, disons — plus tard, au XIXe siècle —, les Européens ne s'intéressent aux peuples « sans écriture et sans histoire ». C'est le temps du mépris. Seul l'Empire grec de Byzance, toujours appelé « pays du Rûm », a droit à une estime comparable à celle que l'on porte à l'Inde ou à la Chine. Certes, dès le IXe siècle, des géographes arabes font une description de l'Occident, tel Ibn Rusteh (mort en 910), mais il faut attendre Ibn Khaldûn pour qu'un historien établisse un lien fort entre l'histoire de l'Islam, la présence des Francs en Syrie et le passé préislamique des Lieux saints, ou pour que la solidarité entre les deux parties de la Méditerranée soit perçue.

Alors que l'historiographie ottomane sur l'Occident est longtemps demeurée succincte, la chrétienté occidentale ravivée par les grandes découvertes commence à s'enquérir d'un Orient dont elle crée l'image plus qu'elle ne l'observe. Un pays d'Islam au contraire où, volontiers, l'innovation est jugée contraire à l'enseignement du Coran, où l'on se cantonne dans un savoir figé qui, au vrai, est dépassé. En Inde, par exemple, les hautes castes hindouistes adoptent plus vite les règles de l'éducation occidentale que les musulmans et obtiennent ainsi plus aisément des places dans l'administration britannique (Balachandran).

Une double ignorance, tel est bien le constat qu'on peut encore établir au XVIIIe siècle, mais, peu à peu, un changement s'observe. Bernard Lewis cite l'orientaliste William Jones qui note qu'à Constantinople, parmi les Occidentaux qui s'y trouvent, seul le personnel inférieur parle turc ou arabe et peut évoquer cette société, alors que les personnalités éminentes — ambassadeurs ou autres — ignorent totalement la langue et ne peuvent donc pas connaître sentiments et préjugés de ce « peuple étranger ». Un besoin commence pourtant à se faire sentir, et c'est ainsi que se développe l'orientalisme qui apporte une image fabriquée d'un monde mal connu et qui se nourrit elle-même de l'image de l'« autre ».

Mais rien d'équivalent de la part de l'Orient dont les voyageurs en Occident, rares en vérité, se contentent de procéder à des échanges commerciaux, conclus grâce à l'aide d'interprètes.

N'exagérons pas cependant le contraste. Dans le monde chrétien, les premières histoires de l'Islam, celle des Hollandais Erpenius et Golius, puis, la plus diffusée, celle d'Edward Pococke, datent du milieu du XVIIe siècle. Dans les mondes de l'Islam, le premier traité médical chrétien traduit en arabe, sur la syphilis, date de 1655.

Il reste qu'entre les XVIe et XVIIe siècles, d'une part, les XIXe et XXe siècles, d'autre part, les positions se sont inversées. L'idée d'un Orient décadent s'appuie, certes, sur les défaites répétées de l'Empire ottoman, mais également, à l'Ouest, sur une ancienne tradition, ravivée par la Renaissance, de la pensée grecque qui opposa sa liberté au despotisme des barbares. « Ils sont plus serviles que les Hellènes », écrivait Aristote. Aux XVIIe et XVIIIe siècles, on juge ainsi, à Venise, quand s'inverse l'image du Turc, craint et admiré au temps de la grandeur de Soliman le Magnifique, qu'il doit être désormais identifié à un despote violent et cruel. L'image se perpétue dans le *Candide* de Voltaire, dans les écrits de Lemprière (1801), par exemple à l'article « Barbarie » du *Dictionnaire géographique* édité à Lyon en 1806, etc.

À ces traits s'ajoute l'idée d'un Orient immuable et qui contraste avec l'Occident sans cesse en mouvement et en progrès. C'est cette figure qui s'inscrit désormais, au point qu'en Occident on finit par oublier qu'en Méditerranée le mouvement a pu changer plusieurs fois de sens et de rive — et, d'ailleurs, pas seulement en Méditerranée. L'Occident chrétien omet ainsi de se remémorer non seulement ce que les Arabes ont pu lui transmettre — la philosophie grecque notamment —, mais surtout ce que leur science et celle des Persans en ont appris — des mathématiques à la médecine. On y oublie aussi l'ancienne splendeur de la civilisation mozarabe, et qu'en Languedoc et en Provence on leur doit l'art des troubadours, cet amour profane que chante la noblesse, ainsi que l'art des fabliaux, tel *Al Qâsim*, transcrit en *Aucassin et Nicolette*. De la splendeur de l'Orient se souviennent seulement Goethe, Heine et Victor Hugo.

De sorte qu'aux XIXe et XXe siècles l'Occident a fini par croire que l'Orient était immuable parce que cela tenait à sa nature et comme s'il en avait toujours été ainsi. Karl Marx a même étendu ce stéréotype jusqu'à la Russie, en attendant que ses chantres imaginent un mode de production dit « asiatique ».

Depuis, maints démentis ont été apportés à cette vision de l'Histoire ; mais, aux XIXe et XXe siècles, elle a déterminé une pratique politique que les pays d'Islam — mais pas seulement eux — ont définie comme du colonialisme. Comment l'ont-ils perçue ?

En premier lieu, de nombreux dirigeants, Ottomans, Séfévides, etc., voient qu'ils perdent des territoires, d'abord à la périphérie des mondes de l'Islam : l'Inde où s'installent les Portugais puis les Anglais, Sumatra où arrivent les Hollandais ; à l'ouest, les comptoirs (*praesidios*) espagnols ou portugais sur les côtes du Maghreb méditerranéen et atlantique. Le premier grand choc est la perte de la Crimée (1783), terre musulmane depuis les origines de l'Islam, conquise par les Russes qui, de plus, entendent bientôt protéger les chrétiens orthodoxes de l'Empire ottoman.

Plus à l'est, dans un djihad contre la Russie, du territoire islamique est perdu par le Chah de Perse lors des traités de Gulistan et de Turcomanchei (1828). Innovation : l'Iran doit payer une indemnité à l'Infidèle, faire des concessions d'ordre douanier et accorder des privilèges extraterritoriaux aux Russes. La pénétration prend ainsi des formes diverses.

Ultérieurement, toujours au XIXe siècle, plus au centre du monde musulman, c'est l'Asie centrale que convoitent les Russes et les Anglais, comme l'Afrique du Nord les Français et les Italiens. Le cœur arabe de l'Islam est soumis en dernier, au XXe siècle, lorsque, après la chute de l'Empire ottoman et la fin du califat, le Croissant fertile passe sous la domination des Anglais et des Français, de même que l'Égypte, chacun de ces territoires avec un statut propre. Les seuls pays qui demeurent relativement inviolés sont la Turquie, l'Arabie, le Yémen ainsi que l'Iran et l'Afghanistan qui ont pu garder leur indépendance.

En deuxième lieu, outre leur soumission, les mondes de l'Islam ressentent comme un chancre qui grossit l'installation des colons qui prennent des terres et font ville à part : successivement les Portugais, les Anglais, les Hollandais en Asie du Sud-Est, ainsi que les Espagnols chez les Moros de Mindanao aux Philippines ; puis les Français, et aussi les Espagnols, en Algérie surtout, avec les Italiens en Tunisie, à partir de 1830 et 1880, les Russes au Turkestan. Enfin surgit l'immigration juive en Palestine dès l'extrême fin du XIXe siècle, légitimée par la déclaration de Balfour (1917), massive après le génocide, et dont la communauté devient souveraine par décision de l'ONU en 1948. Elle apparaît aux Arabes comme la forme ultime de la colonisation européenne et son retour en force après que les autres parties du monde musulman eurent recouvré leur indépendance.

On note aussi, aujourd'hui, que c'est là où les colons ont été relativement les plus nombreux — Algérie, Palestine — que les violences, même de nature différente, ont pris le plus d'extension. C'est là que l'islamisation des luttes politiques s'est manifestée ensuite avec le plus de force. Ainsi, en Algérie, le leader du FIS (Front islamique du salut) déclare en 1990 : « Si mon père et mes frères ont expulsé physiquement la France oppressive, moi, je me consacre par les armes et la foi à la bannir intellectuellement et idéologiquement et à en finir avec ses partisans qui ont tété le lait vénéneux » (Ali Benhadj).

En troisième lieu, que ces conquêtes, cette colonisation, cette pénétration aient amené avec elles, au moins au XIXe et au XXe siècle, le progrès technique, nul ne le conteste, et moins que d'autres Nehru : « Car les plus grands maux que la domination anglaise a infligés aux Indes ont pris extérieurement l'apparence des bienfaits du Ciel... chemin de fer, télégraphe... et le reste. Mais nous ne devons pas oublier que leur premier objet fut le renforcement de l'impérialisme britannique sur notre sol en permettant le resserrement de l'étreinte administrative et la conquête des nouveaux marchés pour les produits de l'industrie anglaise. »

Cet apport et cette emprise se complètent par une dépossession que stigmatise aussi bien Frantz Fanon dans le cas du Maghreb, la vampirisation de la richesse indienne — le *drain* — qui va en Grande-Bretagne, alors, jugent les Indiens, que les empereurs afghans et moghols au moins dépensaient sur place les lourds impôts qu'ils levaient. Leurs palais témoignaient, certes, de leur vanité, mais ils faisaient vivre les artisans, embellissaient le pays (B. C. Pal).

S'il y a sans doute une idéalisation du passé musulman de l'Inde, qui a connu, avant l'arrivée des Portugais et des Anglais, bien des conflits entre musulmans et hindouistes, il reste que les splendeurs de l'Inde ont constitué un butin pour les Occidentaux, comme celles de l'Égypte et d'autres pays encore.

Cette dépossession, pour les peuples soumis ou colonisés, s'étend à leur personnalité, individuelle ou collective. En Russie, les premiers vaincus sont tatars ou musulmans, ou tchouvaches, kazakhs et musulmans... C'est d'abord à l'Islam que s'en prennent les tsars. Depuis la prise de Kazan (1552) et la fin de l'hégémonie tatare, les Russes ont à plusieurs reprises procédé à des conversions forcées à l'orthodoxie, notamment sous Pierre le Grand qui fit détruire 418 des 536 mosquées du gouvernement de Kazan. Après une courte période de tolérance et de coopération, sous Catherine II, l'offensive russe reprend, surtout à partir du règne d'Alexandre III (1881) qui pratique une politique de russification ; et une partie des Tatars reflue vers l'Asie centrale, à cette date plus islamisée que russifiée. Mais les autorités ont changé de méthode : pour gagner les musulmans à l'orthodoxie, la prédiction se fait désormais dans leur langue maternelle et Saint-Pétersbourg élabore des alphabets en cyrillique pour le tchouvache, le kazakh, etc. ; et, à Kazan, on fonde en 1872 une école normale pour les non-Russes, où étudient des Bachkirs, des Tatars, des Tchérémisses, des Mordves, des Tchouvaches, etc. La droite russe s'alarma de l'effet en retour de ce changement. De fait, comme en Algérie à la même époque, l'effet pervers de ce développement de l'enseignement — pour le colonisateur, il s'entend — fut l'apparition d'une élite nationaliste, mais également réformatrice musulmane. Ce dispositif d'acculturation était national par la forme, orthodoxe pour le contenu. Le père de Lénine l'appliqua aux écoles tchouvaches. Or la politique des nationalités de Lénine suivit le même principe, national pour la forme, mais communiste pour le contenu.

En Turkestan, où l'intérêt économique primait, la tendance à la ségrégation l'emporta — comme au Maroc ou en Inde —, et l'administration russe soutint le clergé musulman conservateur, lui garantissant ses propriétés terriennes ou ses écoles et en interdisant à l'Église orthodoxe toute activité missionnaire. Les Russes furent ainsi considérés comme des étrangers, des infidèles qu'il fallait chasser ; mais le statut des émirats de Khiva, Boukhara, Kokand, des « protectorats », constituait un frein à leur pénétration. L'occasion d'un soulèvement vint, au nom de l'Islam, quand Nicolas II voulut mettre fin, en 1916, à l'exemption du service militaire pour les musulmans qui auraient eu à combattre leurs frères de religion de l'Empire ottoman.

Le rapport des musulmans avec les Russes présente, entre le Turkestan et le Caucase, des différences que l'on retrouva plus ou moins dans leur rapport avec les Français au Maroc — soulevé lors de la guerre du Riff — et en Algérie. Celle-ci, comme le Caucase, résista militairement aux Infidèles, dans des combats très durs qu'animaient, en Algérie, Abd el-Kader et, au Daghestan, l'imam* Chamil. Le parallèle entre les deux hommes est venu à l'esprit du journal *Le National* en 1844, du géographe Woïekov en 1914, de l'historien Gammer en 1991. Les guerres se terminent par « une paix des Braves », une légende rose glorifiant à Paris Abd el-Kader, Chamil à Saint-Pétersbourg. Le parallélisme pourrait se poursuivre quand on se rappelle les soulèvements successifs en Algérie contre les Français en 1871, 1914, 1954, et, au Caucase, contre les Russes jusqu'à la guerre de Tchétchénie.

Au Turkestan comme au Maroc, l'Islam garda sa liberté. Dans ce dernier pays pourtant, il suffit que le gouverneur ait voulu soustraire à la législation musulmane, à la charia, une partie de la population définie comme berbère — alors qu'elle se voulait également arabe — pour que le monde de l'Islam se solidarise avec le sultan et répande sur les Français la malédiction divine (1930).

À l'autre extrémité du monde musulman, en Insulinde, l'Islam ne l'avait pas emporté comme en Inde à la suite d'une conquête ; il s'était plutôt emparé d'une civilisation, en étant d'abord minoritaire et en mettant quatre ou cinq siècles pour s'imposer. Il s'est battu sur deux fronts, celui du paganisme et celui du christianisme identifié aux « Maîtres étrangers », ces Perrangi — les « Francs » — héritiers des Croisés qui retrouvent face à eux des « Moros ». C'est le sultanat d'Atjeh qui inaugura une guerre contre les *Kafirs* — les Infidèles —, une guerre qui dure encore. À Java, l'idée du djihad n'apparut qu'ultérieurement, entre 1828-1830, menée par des « hommes de religion » avec l'idée de voir instituer à Java un ordre islamique : les Hollandais devaient rester sur les côtes à faire du commerce sans se mêler de l'intérieur — le point de vue d'Abd el-Kader en Algérie —, les prisonniers devant s'habiller à la javanaise ; comme en Algérie en 1870, un autre soulèvement eut lieu à Banten en 1888 pour chasser les Européens de cette terre d'Islam. Étaient exécutés les Javanais collaborateurs des Hollandais. Cet enracinement religieux est fort : en 1931 à La Mecque, 42 % à 49 % des pèlerins viennent de Java et des îles ; il rend compte du fait qu'au XXe siècle le mouvement nationaliste de Sukarno combinait Islam, nationalisme et socialisme : son couvre-chef, sa toque, était celui des fidèles musulmans (le *pici*). Mais l'Islam en était la composante la plus active car, sans l'intervention des Hollandais, il l'aurait totalement emporté sur les traditions antérieures, hindouistes ou autres. Du moins est-ce le sentiment des ulémas* qui observent que les Hollandais promeuvent la valeur des coutumes préislamiques (*adat*) aux dépens de la charia et de la loi islamique. Dès l'indépendance, la coutume fut abolie des textes constitutionnels.

Deuxième traumatisme : Israël

Deuxième traumatisme, après la colonisation et les luttes des pays d'Islam pour leur libération, ce que les Arabes ont appelé le « désastre », *al-Nakba*. Ce n'est pas la formation de l'État d'Israël mais bien la défaite qui a suivi. Une défaite de l'Égypte et des pays arabes coalisés et infligée par les forces d'un État nain (1948). On sait aujourd'hui qu'avant l'invasion qui la précède des propositions avaient été faites à Ben Gourion et qu'il les a refusées : Farouk d'Égypte avait demandé la cession de Gaza pour prix de la reconnaissance d'Israël ; Abdallah, un corridor pour rejoindre la Jordanie à la mer ; le colonel Zaïm, en Syrie, un déplacement de la frontière jusqu'au milieu de la mer de Galilée ainsi que l'établissement de 300 000 Palestiniens réfugiés en Syrie. Vu l'exiguïté du territoire reconnu par l'ONU — 14 000 km^2 en 1947, à comparer aux 30 500 km^2 de la Belgique et aux 11 500 km^2 pour l'État arabe —, Ben Gourion rejeta ces propositions, et ce fut la guerre (*Avi Schlaim*).

La coalition de l'Égypte, de la Jordanie, de la Syrie, de l'Irak et du Liban fut vaincue, et cette défaite fut non seulement perçue comme une perte matérielle, mais comme « une défaite morale et une perte de confiance des Arabes dans leurs gouvernements [...], plus grave encore fut leur doute en leur propre capacité de former une nation (*Umma**). Le désespoir moral devint plus important que toutes les pertes physiques » (Zureik Constantine)[2].

L'engagement de Nasser en témoigne. À la bataille de Fallouga, le 20 octobre 1948, l'officier Nasser, avec son unité vaincue et encerclée, avait eu droit, vu son courage, aux honneurs militaires rendus par les officiers d'Israël. Sur le terrain, il avait pu mesurer l'état de désorganisation et d'impuissance absolues de l'armée égyptienne. Certes, depuis toujours, il avait manifesté contre la déclaration Balfour qui avait prévu, en 1917, de créer un foyer juif en Palestine et depuis 1947 il ne songeait qu'à intervenir contre Israël. Mais, à Fallouga, il avait compris que le mal véritable pour l'Égypte se situait ailleurs : « Ma patrie est une autre Fallouga, une Fallouga beaucoup plus grande. Il faut liquider le colonialisme [britannique] et les traîtres égyptiens qui le soutiennent [...]. Il faut liquider le régime. »

Les engagements militaires contre Israël qui ont suivi n'ont été heureux ni en 1956 — même si, pour l'Égypte et les pays arabes, la crise de Suez s'est bien terminée — ni en 1967. La défaite subie par Nasser dans la guerre des Six-Jours en 1967 a réouvert et élargi la blessure. Car, après qu'Israël eut informé le Conseil de

2. Voir page 137.

Sécurité que son armée réagirait aux provocations syriennes à partir du Golan, Nasser envoya 100 000 hommes dans le Sinaï pour prendre la relève des Casques bleus installés là depuis 1956. Il annonça la fermeture du golfe d'Akaba et accepta que les troupes jordaniennes se placent sous commandement égyptien. Double *casus belli* : les Israéliens attaquent la coalition, la défont, Tsahal* arrive aux portes de Damas après avoir occupé le Golan. Israël s'empare également de Jérusalem-est, du Sinaï et de la Cisjordanie.

Aussitôt l'ONU réagit et, par la résolution 242, exige l'évacuation par Israël des territoires occupés. Mais la preuve était faite que les États arabes coalisés n'avaient pas su organiser la victoire, et ils en sortaient profondément humiliés. De cette faillite allait naître cette idée qu'il fallait désormais essayer de l'emporter mais autrement que par une guerre conventionnelle : par le terrorisme — une idée que les Palestiniens allaient mettre en œuvre. C'était à leur tour d'animer désormais la lutte contre Israël. Même si, entre 1970 et 1986, les Palestiniens ont eu autant à craindre des milices du roi de Jordanie et de celles des chrétiens du Liban que des Israéliens.

Dans son discours d'intronisation à l'ONU en 1974, pas une fois Yasser Arafat n'invoque l'Islam pour légitimer son action. Il salue les nouveaux États indépendants : Guinée-Bissau, Grenade, Bangladesh — dans ce dernier cas, ce n'était certainement pas de bon ton vis-à-vis de la république islamique du Pakistan. Dans ce discours, au lendemain de la quatrième guerre — 1948, 1956, 1967, 1973 —, Yasser Arafat se pose en leader d'un peuple qui lutte pour son indépendance, tantôt défini comme « arabe », tantôt comme « palestinien ».

Son ennemi n'est pas le judaïsme mais le sionisme, identifié au colonialisme et stigmatisé comme racisme. Il se dit également « révolutionnaire » et en utilise le lexique, se déclarant « à l'avant-garde » de son peuple dont on ne saurait identifier les actes à du terrorisme puisqu'il cherche à libérer le sol de son pays d'une occupation étrangère.

Quinze ans après, passés le voyage de Sadate à Jérusalem, la rétrocession à l'Égypte, à la suite des accords de Camp David (1978), des territoires égyptiens occupés par Israël, la révolution islamique en Iran (1979), la guerre Irak-Iran (1980-1988) et, simultanément, la guerre au Liban et le contrôle de ce pays par la Syrie et Israël, le mouvement national palestinien se déchire. Le changement essentiel est bien que la révolution islamique s'y est exportée — comme au Liban —, mais que, face à cette expansion du chiisme*, l'Arabie Saoudite, sunnite, intervient en contribuant à islamiser le mouvement national palestinien par son aide au Hamas, désormais rival de l'OLP, et en concurrence avec le djihad islamique d'obédience khomeinyste.

C'est à l'occasion de l'Intifada, en 1987, que la concurrence entre ces mouvements apparaît au grand jour. Ce soulèvement des jeunes redonnait un souffle au mouvement national palestinien dans le cadre du mouvement national arabe. Mais s'y greffait son insertion dans les combats placés sous le signe de l'Islam.

Cette sacralisation des combats n'était d'ailleurs pas propre à la Palestine. En Tchétchénie également, contre les Russes, le combat national s'était islamisé, mais depuis plus longtemps. Dans leurs légendes, un produit de l'islamisation par les ulémas locaux, les Tchétchènes se voient descendants d'Ali, mais aussi de Noé — ce qui les enracine en Palestine —, un mythe que l'on retrouve également chez les Berbères qui se sont cru fils de Canaan. Ayant pris ce mythe pour argent comptant, des savants russes, tel Ivanenkov, ont pu ainsi trouver que les Tchétchènes avaient un « type sémite ». Mais l'Histoire n'a-t-elle pas connu d'autres affabulations de ce genre ?

Ce mythe de l'origine palestinienne sécrète une fonction bien précise : enraciner l'Islam à Jérusalem en déclarant que là se trouve le berceau des trois religions : judaïsme, christianisme, islam — alors que l'Islam est né en Arabie, à La Mecque et à Médine, et que Jérusalem n'est même pas mentionnée dans le Coran. Ce mythe a ainsi pour fonction d'opposer, en ce qui concerne la Palestine, une autre légitimité à celle du christianisme et à celle d'Israël.

L'autre désastre : l'éclatement du Pakistan

Au double désastre de 1948-1967 fait pendant, à une autre extrémité du monde musulman, celui de 1971 que constitue l'éclatement du Pakistan. Il rouvre d'anciennes blessures.

Avant que les Anglais n'étendent leur empire, les Portugais avaient déjà 1 800 prêtres égaillés sur la côte de Malabar et commençaient eux aussi à évangéliser le pays ; mollement il est vrai. Ensuite, tandis que se manifeste, face à l'Islam, la renaissance de l'hindouisme, l'Empire moghol éclate, et les Sikhs constituent sur ses ruines un premier État non musulman. Aux temps de la grandeur britannique, dessaisis du pouvoir, les musulmans subissent l'ascension des Hindous, et la Ligue musulmane ne joue pas les premiers rôles dans la lutte contre les Anglais. Certes, au grand désespoir de Gandhi et de Nehru, disparaît « l'unité de l'Inde », en 1947, lorsque les musulmans font sécession : ainsi naît le Pakistan avec ses deux pôles, à l'ouest et au Bengale, naissance qui s'accompagne de gigantesques déplacements de populations dans les deux sens : des musulmans quittent le territoire devenu indien, des Hindous quittent les parties de l'ex-Empire passées sous direction musulmane. Les princes choisissent leur allégeance, et celui du Cachemire opte pour l'Inde même si la majorité de ses sujets sont musulmans. Premier facteur de crise et de frustration pour les mondes de l'Islam et premier sujet d'antagonisme, non pas avec l'Occident, mais avec l'Inde.

Or voilà qu'en 1971 la partie orientale du Pakistan veut faire sécession. Sans doute, cette réaction du Bangladesh était due au statut subalterne que les dirigeants de Islamabad avaient réservé à cette partie orientale de l'État pakistanais : à égalité de population, sur 95 musulmans de l'ancien *Indian Civil Service* qui ont opté pour le Pakistan en 1947, seuls un ou deux étaient d'origine bengali ; il n'y avait que deux Bengalis sur dix-sept hauts fonctionnaires en 1964, et, dans l'armée, un seul des cinquante-huit généraux venait du Bengale-Oriental, etc. Se jugeant économiquement colonisés, méprisés, menacés d'avoir à utiliser la langue urdu à côté de la leur, humiliés par les pratiques d'Islamabad, les Bengalis se lancent dans un mouvement d'autodétermination qu'anime la Ligue Awani. À l'ouest, Pendjab et Sind affirment constituer les « bastions » de la nation. Rupture, répression, voilà qui suscite l'exode de 10 millions de Bengalis vers l'Inde.

Alors, New Delhi intervient, entre en guerre, aide à la libération du Bangladesh. Cette deuxième grande défaite de l'Islam, la sécession, le Pakistan l'attribue en effet à l'Inde.

Trente ans plus tard, refaire contre l'Inde ce qu'il a fait contre l'URSS en 1989 lors de la guerre contre l'Afghanistan, tel est bien le projet nourri par le Pakistan, le Cachemire devenant le terrain de la reconquête. Sans doute un rêve, qui fait écho à celui des Américains qui, en 1989, souhaitaient bien qu'en Afghanistan les forces dites « de la liberté » prendraient leur revanche sur ce qu'elles avaient subi au Vietnam en 1973 et infligeraient aux communistes russes ce que les communistes vietnamiens leur avait fait connaître.

À défaut de ce rêve, inaccompli, pour punir les autorités de céder aux Américains dans la traque de Ben Laden, un commando suicide fit à Srinagar (Cachemire) quarante morts en octobre 2001, tandis qu'un autre, le 13 décembre, accomplissait son forfait à New Delhi.

La famille, ce refuge inviolé

Du fait de la colonisation, les zones d'autonomie de l'Islam n'avaient cessé de se réduire. Typique de ce point de vue avait été, au Maroc, la promulgation du « Dahir berbère » par le général Lyautey. Il tendait à « protéger » le droit coutumier des tribus berbères de sorte à les soustraire à la législation canonique de la charia. Ce transfert à la juridiction criminelle française enlevait au sultan Mohammed Ben Youssef (Mohammed V) une de ses prérogatives, « il soustrayait des croyants à la justice de Dieu ». Vue d'en bas, cette mesure restreignait « la part de l'Islam » à laquelle tout musulman avait droit dans ses relations sociales et dans sa vie privée. C'est ainsi que son foyer, sa famille, derniers réduits de son identité, risquaient d'être atteints.

En Algérie, durant les années 1950, quel que fût le statut du père ou du mari, la femme musulmane demeura étroitement confinée dans son milieu, dans son foyer, ne fréquentant guère les Européens sauf nécessité du travail, son époux l'en tenant à distance. Il existait aussi une résistance à envoyer ses filles à l'école européenne malgré les possibilités offertes. « Nos femmes, nos filles, notre maison constituent le dernier refuge inviolé par la colonisation », répétaient volontiers les nationalistes. Il y avait peu de mariages mixtes. Résistance de l'Islam, résistance communautaire ou résistance identitaire ? « Quand notre pays sera libre, nos femmes le seront », ajoutaient-ils alors. Or, depuis... la réaction contre l'émancipation des femmes, qui s'accélérait, s'est inscrite dans une autre déchéance ; on y reviendra.

En Algérie, si la présence française constituait pour beaucoup de musulmans une oppression, les Français ne considéraient pas la laïcité comme une des figures de cette oppression. Au contraire, il arrivait aux autorités de cajoler les zaouïas et autres marabouts, voire les ulémas. Elles n'avaient pas idée que le feu couvait, là, sous la cendre.

En URSS au contraire, l'Islam était l'objet d'une persécution organisée, comme l'orthodoxie d'ailleurs : les instituts athéistes et les autorités leur faisaient la guerre. De sorte qu'en URSS l'attachement à l'Islam s'est exprimé moins par le respect des pratiques religieuses que par une vie et une organisation sociales non conformes vu les obstacles que rencontra la pratique : par exemple, la réduction du nombre de mosquées (25 000 en 1917, quelque 200 cinquante ans plus tard), le pèlerinage à La Mecque est évidemment impossible, sauf à titre exceptionnel pour un muphti*, le strict respect du ramadan est déclaré incompatible avec l'organisation scientifique du travail, les rituels de la prière sont difficiles à observer dans les grandes villes, etc.

La présence de l'Islam est sensible par la survivance de pratiques non spécifiquement religieuses. D'abord, le refus de sortir du groupe par le mariage malgré les encouragements du régime qui ne manque pas une occasion de glorifier tout progrès vers l'accomplissement de l'« *homo sovieticus* ». Quoi qu'il fasse, et bien qu'il tire argument des mariages mixtes pour montrer les progrès d'une conscience supranationale, le très haut degré d'endogamie des musulmans dévoile les limites de ce progrès. Le chiffre minimal y est de 79 % chez les Tadjiks, le plus élevé de 95 % chez les Kirghiz, alors qu'il descend à 61 % pour les Lettons, 34 % pour les Ukrainiens et 33 % pour les Arméniens. Hélène Carrère d'Encausse montre que, chez les Tadjiks, ce coefficient remonte même : dans les rares cas de mariage mixte, c'est l'homme qui est musulman, et l'enfant prend alors la religion du père. Quand, exceptionnellement, et notamment au Daghestan, une femme musulmane épouse un non-musulman, la nationalité de la mère a été choisie dans 87 % des cas alors que c'est l'inverse lorsque des Ukrainiens ou des Juifs épousent des Russes. Le concubinage d'un musulman avec une non-musulmane est toléré, non l'inverse. En outre, les mariages mixtes n'entraînent pas d'ouverture sur le monde extérieur à l'Islam : ce serait plutôt l'inverse qui prévaudrait.

Au reste, tous les rites liés à la famille demeurent vivaces, et d'abord la circoncision, autant liée à la tradition kirghize, ouzbek ou kazakh qu'à l'Islam, mais qui s'étend. Alors que le régime dénonce cette pratique comme barbare et antihygiénique, les musulmans la considèrent au contraire comme excellente pour la santé. Sa célébration, le *toi,* est assez importante pour que le père de famille vende jusqu'à sa voiture afin de subvenir aux frais de la réception à laquelle participe tout le village. La pratique est unanime, sans distinction de niveau d'instruction.

La persistance des coutumes liées au mariage est d'autant plus remarquable que leur interdiction a été maintes fois renouvelée, notamment le mariage des filles impubères et la pratique du *kalim*, le rachat de la fiancée. À la veille de la perestroïka, le comité central du parti communiste ouzbek évaluait ce kalim à 500 roubles, 2 moutons, 9 costumes, etc., soit 2 000 à 3 000 roubles. Au Kazakhstan, les enlèvements de fiancées sont fréquents, souvent convenus d'avance. Ici la coutume, là la charia sont plus fortes que la loi.

Si le régime soviétique se montre plus habile — en intégrant les musulmans à l'administration — que le colonialisme russe, français ou hollandais à se concilier une partie des populations, ses mesures les irritent néanmoins et sécrètent inévitablement leur colère.

On observe pourtant qu'une fois les autorités étrangères disparues — mais le trait vaut aussi pour les pays qui n'en ont pas connu, comme l'Iran ou l'Afghanistan —, c'est le code de la famille et le statut de la femme qui constituent, en pays d'Islam, le révélateur le plus constant des réactions de la société à des changements venus d'ailleurs.

Mais est-ce dû à la tradition, à la coutume ou aux textes sacrés ?

Le corps de l'Islam à l'écoute

« Nous affirmons, nous, déclare Ahmed Gouda, ancien délégué à l'Assemblée algérienne, réfugié au Caire, qu'avec les opérations menées dans le Nord constantinois, il s'agit d'un véritable génocide [...] qui a fait au moins 100 000 victimes non combattantes [...]. Cela suscitera une série de représailles qui risque notamment de rallumer la guerre israélo-arabe. »

Cet entretien date du 18 avril 1956, six mois avant la crise de Suez et alors que les opérations militaires en Algérie ont à peine commencé : la formation de l'Armée de libération nationale vient d'être décidée. Son intérêt est double. D'abord, il témoigne de l'état d'exaspération des dirigeants du FLN qui, évidemment, utilisent des termes et des chiffres excessifs. Surtout, ces propos établissent un lien entre les deux déchirures que connaît le monde de l'Islam : l'Algérie et Israël.

Sans doute, à cette date, est-ce l'identité arabe qui a pris le pas sur l'appartenance à l'Islam, la plupart des leaders du FLN étant alors agnostiques. Mais il s'opère un va-et-vient entre ces traits. On en a pour preuve, quelques mois plus tôt, le frémissement de joie et de fierté qui a animé le Maghreb tout entier lorsqu'en Iran Mossadegh a résisté victorieusement aux pressions de l'Angleterre et des États-Unis et a nationalisé le pétrole iranien : les sentiments anti-impérialistes l'ont largement emporté, dans le monde arabe, sur le fait qu'il s'agit de Persans, « ennemis millénaires », et de chiites, alors que les musulmans arabes sont, pour l'essentiel, sunnites.

Il est vrai que depuis quelques décennies l'identité proprement musulmane paraît se dissoudre dans l'identité nationale : elle n'en existe pas moins, et ce corps de l'Islam paraît être demeuré, au moins, une immense caisse de résonance sensible et attentive aux moindres conflits qui le concernent. Ainsi, en 1930, la promulgation au Maroc du Dahir berbère, qui soustrait cette population à la législation du sultan, a suscité des manifestations de protestation jusque chez les musulmans de Java. Au lendemain de la Seconde Guerre mondiale, ce grand corps de l'Islam n'a cessé de frémir, quelle que fût la couleur du drapeau qui s'élevait contre l'impérialisme. Et tout cela a précédé ce qu'on a appelé « le retour de l'Islam », volontiers daté des années 1970 et 1980. Le phénomène a survécu même à ses grandes fractures, telle la guerre entre l'Irak et l'Iran, puisque entre Bagdad et Téhéran, en plein conflit, les communications n'ont jamais cessé...

Quinze ans plus tard, la caisse de résonance retentit plus que jamais : au lendemain du 11 septembre 2001, un des porte-parole du réseau Al Qaïda, qui s'exprimait à la télévision du Qatar, rappelait, bien sûr, sa détermination de combattre Israël et les États-Unis... mais également pour les droits de la nation islamique sur la partie orientale de Timor qui s'était détaché de la république islamique d'Indonésie.

En 2001, il y a eu cette revendication sur le Timor oriental ; trente ans plus tôt, il y avait eu une revendication sur les Canaries, plateau continental du Maghreb atlantique : le monde de l'Islam a toujours eu une perception aiguë de son aire géographique. Ce sens de l'espace, conquis, aménagé, vécu par le musulman, relève d'une tradition très ancienne, d'une vision ethnocentrique des sociétés datant des IXe et Xe siècles et qui définit l'Irak comme « le nombril du monde », l'organisation des climats étant conçue de telle sorte que le quatrième climat, celui de l'Irak, se trouve au centre, trois plus au nord, trois plus au sud. L'Islam n'en institue pas moins dans son regard, plus géographique qu'historique, une coupure radicale entre lui et autrui. « Il n'y a pas de banlieues de l'Islam, observe André Miquel. Peut-être en existe-t-il une seulement à travers le Turc qui chevauche la frontière, converti ici, païen ailleurs : nul doute que, sur ce dernier, "l'Islam n'appelle la grâce", juge le musulman. »

Délimité par cette aire géographique, le corps de l'Islam est parcouru par des réseaux qui ont constitué son système nerveux. Celui des pèlerinages à La Mecque est sans doute le plus constant : à l'ère coloniale, c'est le monde indonésien, Java en particulier, qui a fourni les contingents de voyageurs les plus nombreux, on l'a vu, jusqu'à 49 % en 1931. Dans ce cas, il a pris la relève des réseaux marchands qui, précisément, avaient contribué à l'expansion de l'Islam dans l'océan Indien à l'ère du grand commerce portugais et hollandais. Le réseau des confréries du soufisme, où se croisent des traditions indiennes et arabes, a également assuré aux mondes de l'Islam une cohérence interne, que les confréries soient nées en

Arabie ou en Asie centrale, le berceau des deux principales : la Naqchbandiyya, fondée à Boukhara au XIVe siècle, et la Yasawiyya, fondée à Yasi. La pratique mystique des Soufis privilégie les relations à un maître et elle a survécu aux différents tourments de l'Histoire en assurant à l'individu la pratique d'un Islam personnel dans les pays où la religion instituée a pu se trouver menacée : la Turquie kémaliste et l'Union soviétique par exemple.

Les confréries soufi n'ont pas eu de projet social ou politique particulier — sauf défensif. Il n'en a pas été de même des Frères musulmans, ce mouvement né en Égypte en 1928 et qui a essaimé dans la plupart des pays arabes et au-delà, et qui demeure un des agents les plus actifs du retour de l'Islam depuis les années 1970. Son réseau n'a cessé de se renforcer du Maghreb à l'Arabie Saoudite et au-delà : il constitue une véritable Internationale au sein de l'Islam contemporain. Mais il en est d'autres, définis comme des nébuleuses, pour autant que, tel Al Qaïda, s'il leur est attribué une tête, en l'occurrence Ben Laden, leur corps constitue une forme « étatale » nouvelle[3]. Dira-t-on que l'Islam contemporain contrôle plus des réseaux que des espaces ?

Ce qui rend spécifique le fonctionnement de ce corps multiforme de l'Islam, c'est bien, sans doute, la part que l'écoute occupe dans la vie du musulman. Depuis plusieurs décennies, elle a bien constitué l'instrument essentiel de la régénération de l'Islam. Ce trait est apparu brusquement — avec des effets politiques qui en ont multiplié la portée — lors de l'irruption du transistor.

---

3. Voir page 224 et suivantes.

Jusqu'aux années 1950 en effet, les populations rurales des confins arabo-musulmans de la Méditerranée ne disposaient pas de radio, la plupart des villages et autres douars n'étant pas électrifiés. Leur écoute se limitait aux sermons des mollahs*, aux leçons des ulémas. Avec l'apparition du transistor, tout change, voici ces populations branchées sur les stations de propagande installées au Moyen-Orient. En particulier, les Américains ayant vu dans le régime dit « des officiers libres » d'Égypte — Neguib et Nasser — une sorte d'alternative heureuse à une subversion par le communisme, la CIA força presque la main du nouveau régime pour le doter d'un équipement radio extrêmement puissant qu'allait bientôt utiliser *La Voix des Arabes* (1954). C'est cette voix qui stimula le mouvement national tant au Maghreb qu'en Irak ou en Palestine pendant plus d'une décennie. Sans doute n'était-ce pas le même arabe qu'on parlait à Alger ou au Caire, mais l'appel symbolique y était, et pour comprendre le sens des messages, il n'y avait pas besoin d'interprète. Le rire de Nasser lorsqu'il nationalisa le canal de Suez fit ainsi le tour du monde de l'Islam.

À ce retour de la langue arabe, en expansion aujourd'hui jusqu'à Kota Bharu, capitale du Kelantan en Malaisie, s'ajoute la diffusion, orale, des paroles et de la musique sacrées par les cassettes. Depuis quelques décennies en effet, suivant l'exemple de l'ayatollah* Khomeiny, les sermons islamistes sont reproduits, par millions, sur des cassettes destinées aux musulmans du monde entier. La propagande par l'oreille a fait ainsi des progrès grâce à la technologie en provenance d'Occident.

Mais aussi la diffusion des sourates du Coran puisqu'il suffit de mettre une cassette dans un lecteur ou un baladeur, de l'entendre en entier, bien souvent en boucle, pour estimer avoir fait sa prière. À Paris, par exemple, il se négocie environ 5 000 cassettes par mois depuis dix ans : les sourates les plus vendues sont celles de la vache (*Lar'*), celle de l'homme, et la dixième. Le site Internet Harf.com dispose de seize bureaux dans le monde, dont cinq en Grande-Bretagne, en France, aux États-Unis et au Canada. Les disques compacts sont bien moins utilisés car ils ne peuvent pas l'être dehors, dans la rue, ni aisément recopiés.

C'est donc la cassette qui règne sans partage même si certains programmes multimédia montrent bien à quel point la diffusion du Coran peut prendre les formes les plus élaborées. Certains d'entre eux sont enregistrés par les voix des plus célèbres récitants ; on peut comparer la lecture que font Al Husari et Al Hudhayfi, par exemple, de certains versets du Coran. Certains établissent un inventaire audiovisuel des caractéristiques et des points d'articulation des lettres arabes pour enseigner la prononciation la plus correcte. On peut réciter ces versets, les enregistrer, puis comparer sa récitation à celle d'Al Husari. Des exégèses du Coran très complètes accompagnent ces programmes disponibles en plusieurs langues.

On a vu que, depuis le milieu du XIXe siècle, un des divorces qui a divisé le monde méditerranéen a été la lente séparation d'une religion demeurée essentiellement orale, l'Islam, où la répétition des mêmes textes, par cœur, fait partie de l'éducation, et de la pratique des chrétiens, autant appuyée sur l'écrit et l'analyse que sur la mémoire. La diffusion mondiale des transistors puis des cassettes a contribué au resserrement d'un monde géographiquement dispersé. Un peu à la façon dont, parallèlement, le cinéma de Hollywood a contribué à l'américanisation du monde.

Or voici qu'aux États-Unis précisément, où les immigrés d'origine musulmane sont nombreux depuis trente ans, les Noirs de confession musulmane, ces *Black Muslims* révolutionnaires greffés naguère sur le monde de l'Islam, se trouvent considérés aujourd'hui par ces immigrés comme des musulmans de deuxième classe parce qu'ils n'entendent pas l'arabe aussi bien qu'eux. Dans les mosquées, ces immigrés jouent ainsi le rôle de maîtres à croire et à penser. Ce qui ne va pas sans susciter des problèmes.

Après le transistor et les cassettes, chronologiquement, le monde de l'Islam a réussi sa troisième percée dans le domaine des médias en mettant fin au quasi-monopole que les Américains exerçaient *via* CNN sur le terrain de l'information. À la bistandardisation de l'information, encore en place à la veille de la chute de l'URSS et que stigmatisait le Tiers-Monde réduit à la dépendance, a succédé un monopole quasi absolu lié à l'existence des satellites de communication. Or l'étau dans lequel CNN maintenait l'information a été brisé par la station de télévision satellitaire arabe Al Jazira, postée à Doha, au Qatar. En toute simplicité, le secrétaire d'État américain Colin Powell lui a demandé, en octobre 2001, « de ne pas laisser s'exprimer des opinions antiaméricaines ». Comme toujours, au nom de la défense des libertés (*Outlook*, de New Delhi).

Le croisement entre l'utilisation de la haute technologie et le retour des croyances et des pratiques ultratraditionnelles rapprocherait-il, contre toute apparence, quelques-uns des traits de la vie aux États-Unis et en Arabie Saoudite ?

Cette suggestion d'Abdelwahab Meddeb lui est venue d'une observation du comportement des Juifs ashkénazes américains, adeptes du retour aux traditions les plus anciennes et en même temps initiés aux pratiques les plus pointues de la haute technologie. Je confirme avoir vu des individus de la même communauté, durant les années 1980, adhérer aux pratiques de la plus antique médecine juive et se retrouver clients d'une officine d'homéopathie gérée par ordinateur.

Ce croisement, pas si inédit qu'il paraît, se trouve être un des traits d'une partie de la société américaine, marquée par le développement du communautarisme, où la recherche de l'identité et l'enfermement dans son groupe s'associent, sans effort apparent, aux pratiques, médiatiques ou autres, les plus avancées. N'est-ce pas, se demande Abdelwahab Meddeb, un des traits actuels de la pratique des wahhabites et des intégristes en Arabie Saoudite ou ailleurs ? Cela ne sécrète-t-il pas également une connivence souterraine entre des populations apparemment si différentes mais que rapprochent la haine ou la méfiance vis-à-vis de l'athéisme, du progressisme, dans des pays — États-Unis, Arabie Saoudite — où c'est la religion, et non l'ethnie, qui, officiellement, définit les individus ? Cet appel constant à Dieu de G. W. Bush et de Ben Laden, au Bien et au Mal, en est seulement un signe...

À ces traumatismes et à ce ressentiment s'ajoute une frustration née de l'échec de ces pays redevenus libres à vraiment décoller économiquement alors qu'ils disposaient désormais de la maîtrise de leurs fabuleuses richesses. Sans doute l'héritage colonial, qu'il se soit agi ou non de néocolonialisme, puis de l'accélération de la mondialisation économique ont-ils respectivement contrarié ou télescopé les efforts de développement. Mais, en Algérie par exemple, la rente pétrolière s'effondre avec la chute des prix survenue en 1985, la dette ne cesse de s'accroître, et l'industrialisation n'a pas permis d'absorber une main-d'œuvre qui ne cesse, elle non plus, de s'accroître au regard d'une démographie galopante. Faillite humiliante qui rappelle celle de l'Égypte un siècle plus tôt et qui semble devoir être la marque de bon nombre de pays de l'Islam. Alors qu'il y a un siècle le Japon réussissait à se moderniser économiquement et qu'à l'heure des indépendances, puis après, la Corée du Sud, Singapour ou Taïwan entraient dans le club fermé des puissances dynamiques sans même disposer de gaz ou de pétrole.

La réponse à tous ces défis a pu sourdre de plusieurs instances. Il est sûr qu'à l'époque des conquêtes coloniales le sultan de Constantinople est longtemps demeuré le recours dont les populations de Tunis attendaient une aide, un secours militaire même, durant les années 1880. Pendant la Grande Guerre (1914-1918), la propagande turco-allemande transite par l'Espagne et par l'intermédiaire des Mozabites et par la Tripolitaine : on fait appel à la solidarité des musulmans contre leurs ennemis de toujours, les Russes, les Anglais et les Français. Après la chute de l'Empire ottoman, les monarques constituent des points d'ancrage de la résistance tant au Maroc qu'en Égypte, voire parmi les princes de l'Inde...

Une résistance plus diffuse, mais souvent plus déterminée, émane de mouvements islamiques et nationaux : en Égypte avec les Frères musulmans dès 1928, au Maroc avec Abd el-Krim puis Allal al-Fassi, en Algérie avec l'association des ulémas, Ben Badis, en Palestine avec le Grand Muphti, etc.

De fait, la revendication patriotique, d'hostilité au colonialisme, à l'impérialisme et, depuis, à la mondialisation, perçue ou non comme américanisée, a pu adopter plusieurs drapeaux : celui de l'Islam, sans être toujours le plus présent, est demeuré le plus constant.

En ont été porteurs des groupes sociaux qui, à partir des années 1970, se retrouvent dans plusieurs pays : la jeunesse urbaine pauvre, la bourgeoisie pieuse, bridées, notamment en Égypte, en Algérie, etc., par une société militaire qui les prive de vie politique ; de leur association ou de leur divorce, comme l'a bien montré Gilles Kepel, a dépendu la montée de l'islamisme. Animée par ses extrémistes, la tentation d'un retournement des valeurs de l'Occident — combiné avec l'acquisition de ses techniques — s'est traduit par l'expression d'une exaspération non simulée contre des dirigeants accusés d'incapacité ou de corruption. Ses excès sont connus. Mais à ceux qui parlent au nom de cet islamisme extrême s'opposent une grande majorité de musulmans qui, bien qu'écorchés par le passé et le présent de leur histoire, revendiquent — et souvent les femmes en tête — leur participation à la civilisation-monde au nom de valeurs pacifiques qui, pour être également musulmanes, n'en sont pas moins universelles.

Ainsi divisé comme le sont d'autres mondes, celui de l'Islam a connu plusieurs tentations et parcouru plusieurs voies, simultanément ou successivement. Tantôt fermé sur lui-même, tantôt perméable aux autres, tantôt spécifique, tantôt pas.

LES TENTATIONS DE L'ISLAM

Dès la fin du XVIIIe siècle, à l'intérieur du monde islamique a dominé le sentiment que la primauté politique et culturelle qui avait assuré sa prééminence était en train de se dissoudre. Dans les écrits d'un pseudo-voyageur indien, originaire du Turkestan, on peut lire : « La voilà, la Sainte Boukhara qui a formé 400 000 savants et les a envoyés à travers le monde. Autrefois, elle était maîtresse de telles forces spirituelles [...]. À présent, hélas ! cet astre du savoir [...] a laissé la mort le saisir au collet. Oui nous avons 200 madrasas, oui nous avons des bibliothèques, mais où sont les livres ? Oui nous avons 300 écoles et nos enfants y apprennent seulement à faire scandale et à mendier. » Et un autre informateur d'accuser aussi les clercs : « Si vous n'aviez pas limité tout notre équipement de guerre aux armes blanches et aux arcs tordus, si vous n'aviez pas interdit la fabrication des canons, des bombes, des fusils [...], l'Islam n'en serait pas là. »

Le problème qui s'est posé a d'abord été de faire aboutir à la fois la rénovation de l'Islam et la libération des territoires que l'Occident avait annexés. Ultérieurement, une fois obtenue leur libération, au milieu du XXe siècle, le problème a été, pour le monde de l'Islam, de contrer la survie d'une sorte de néocolonialisme, d'impérialisme multinational qui perpétuait et aggravait l'écart entre les pays développés et les autres ; en outre, ces soubresauts mettaient en péril l'héritage de l'Islam.

Successivement, plusieurs problèmes se sont ainsi posés. Mais déjà, pour la plupart, dès le XIXe siècle, certains ont interféré.

• Juger et décider si, pour mieux combattre ses ennemis de l'extérieur, l'Islam devait se moderniser ou revenir à ses sources. Une modernisation qui n'est pas conçue comme une séparation nécessaire d'avec la Loi divine. À moins qu'il faille que l'État ne domestique l'Islam pour mieux moderniser la société, à moins encore d'imaginer un Islam révolutionnaire.

• Juger et apprécier la nature des rapports que les mouvements nationaux pouvaient et devaient entretenir avec l'Islam — et de quelles figures de l'Islam il s'agirait. Quelles valeurs devaient l'emporter, celles de la nation ou les siennes, comme l'a préconisé, en Iran, la révolution islamique ?

• Comment la pression du monde occidental, de la mondialisation, les divisions de l'Islam et les conflits entre États musulmans ont-ils été à l'origine d'un projet renouvelé : au lieu de moderniser l'Islam, islamiser la modernité.

L'illustration prémonitoire d'un ouvrage d'Abdessalam Yassine paru en 1998, intitulé *Islamiser la modernité*, rend compte de cette nouvelle figure, de ce nouveau djihad : elle représente un gratte-ciel que recouvre, ainsi que le globe terrestre, le croissant de l'Islam...

Une chronologie vue d'Orient

1498	Vasco de Gama débarque à Calicut
1512	Apogée des trois empires musulmans : ottoman, perse-séfévide, moghol
1552-1556	Prise de Kazan par Ivan le Terrible
1620	Fondation d'Ispahan
1632	Construction du Taj Mahal
1683	Les Turcs aux portes de Vienne
1722	Indes : invasion afghane
1739	Nadir Chah de Perse à Delhi
1744	Alliance de Mohammed Ben Saud avec le mouvement wahhabite
1757	Bataille de Plassey : l'Inde anglaise
1783	Conquête de la Crimée par les Russes
1799	Création d'un État sikh par Singh Ranjit
1800	Bonaparte en Égypte
1813-1828	Traités russo-persans de Turcomanchei
1824-	Indépendance de la Grèce, puis de la Serbie, de la Roumanie et de la Bulgarie. L'Empire ottoman devient exclusivement musulman — hormis les minorités chrétiennes de Syrie et du Liban.
1830	En Sumatra, révolte de l'Atjeh contre les Hollandais. Conquête de l'Algérie
1833	L'Égypte de Mehmet-Ali se soulève contre le sultan
1833	Traité d'Unkiar-Skelessi : fermeture des détroits. Empire ottoman : ère du Tanzimat (réformes)
1855	Rifâ'a Râfi' al-Tahtâwî popularise en Égypte l'idée de patrie (*Watan**)

1857	Inde : grande mutinerie
1870	Soulèvement en Algérie
1881-1906	Les Français en Tunisie et au Maroc
1883	Les Anglais en Égypte
1888	Soulèvement à Java
1890-1897	Écrits d'al-Din al-Afghani, mort en 1897
1901	W. K. d'Arcy signe avec le Chah un accord pour l'exploitation du pétrole en Perse.
1904-1905	Défaite russe face au Japon. Mouvement national tatar dans l'Empire russe. Écrits de Gasprinski en Crimée
1906	Mouvement « Jeune Turc »
1907	Anglais et Russes partagent la Perse en zones d'influence
1908-1911	Crise iranienne
1915	Accords Sykes-Picot
1916	Révolte des Arabes contre l'Empire ottoman
1917	Déclaration Balfour sur un foyer juif en Palestine. Révolution dans l'Empire des tsars. Autonomie de Kokand
1918	Fin de l'Empire ottoman. Traités de Sèvres (1920) et de Lausanne (1923)
1920	Bakou : Congrès des peuples de l'Orient
1921	Le colonel Reza Chah se proclame Chah d'Iran
1924	Découpage du Turkestan. Kemal Atatürk supprime le califat
1926	Liban : mise en place du mandat français. En Palestine : premiers kibboutzim. Ibn Seoud, roi du Hedjaz
1927	Sukarno crée le parti nationaliste indonésien. Mohammed V sultan du Maroc

1928	Création du cartel du pétrole après la découverte de gisements en Irak. Création des Frères musulmans
1930	Mohammed Iqbal propose la création d'un gouvernement musulman séparé en Inde
1931	Ben Badis fonde l'association des ulémas d'Algérie
1932	Allal el-Fassi fonde l'Istiqlal. Indépendance de l'Irak admis à la SDN
1933	La Standard Oil of California en Arabie
1934	Scission du Destour ; Bourguiba crée le néo-Destour. Fin de la conquête du Maroc
1935	Messali Hadj ranime l'Étoile nord-africaine
1936	Les Frères musulmans condamnent le pharaonisme* du roi Farouk. Palestine : violente dénonciation de la déclaration Balfour. Pierre Gemayel fonde le parti des phalanges (chrétiennes) libanaises
1937	Londres décide l'arrêt de l'immigration juive en Palestine
1939-1945	Seconde Guerre mondiale. Irak : coup d'État de Rachid Ali. Asie centrale : déportation des Tchétchènes et des Tatars de Crimée. Occupation de l'Iran par les Anglais et les Soviétiques. Bourguiba, le roi du Maroc, Ferhat Abbas favorables aux alliés. Les Japonais libèrent Sukarno incarcéré par les Hollandais. Crise franco-libanaise. Le *Livre bleu* de Nuri Saïd (Irak) divise les Arabes. Indépendance de la Syrie et du Liban. Première proclamation de l'indépendance de l'Indonésie. Massacres de Sétif
1947	Partition de l'Inde. Naissance du Pakistan
1948	Naissance d'Israël. Première guerre israélo-arabe
1951	Le Majless* de Téhéran ratifie le projet Mossadegh de nationalisation des pétroles iraniens
1952	Égypte : putsch des officiers libres

1953	Coup d'État en Iran appuyé par la CIA ; Mossadegh évincé du pouvoir
1954	Insurrection algérienne
1955	Pacte de Bagdad. Le Pakistan, république islamique
1956	Indépendance du Maroc, de la Tunisie, du Soudan. Expédition de Suez
1957	Annexion du Cachemire méridional par l'Inde
1958	Coup d'État à Bagdad, le Ba'th prend le pouvoir
1960	Création de l'OPEP. Indépendance de la Somalie
1961	La Syrie sort de la République arabe unie (RAU). Sukarno envahit la Nouvelle-Guinée
1962	Indépendance de l'Algérie
1963	Iran : révolution « blanche »
1964	Naissance de l'OLP
1966	Sayyid Qotb exécuté par Nasser. Réunion de la Tricontinentale à La Havane. La coexistence pacifique ne doit pas empêcher la lutte anticolonialiste
1967	Guerre des Six-Jours ; résolution 242 de l'ONU. Sommet de Khartoum. Putsch de Suharto en Indonésie
1970	Mort de Nasser. *Septembre noir* des Palestiniens
1973	Guerre du Kippour
1976	Le Front Polisario proclame la République sahraouie
1977	Sadate à Jérusalem
1978	Négociations de Camp David. Coup d'État du général Zia ul-Haq au Pakistan
1979	Révolution islamique en Iran. Invasion de l'Afghanistan par les Soviétiques. Paix de Genève entre Israël et Égypte

1980	Prise d'otages américains en Iran. Début de la guerre entre l'Irak et l'Iran
1981	Assassinat de Sadate
1982	Assad de Syrie réprime les Frères musulmans
1986	Mort de pèlerins iraniens à La Mecque
1988	Émeutes d'Alger
1989	Les Soviétiques quittent l'Afghanistan. Khomeiny lance une fatwa à l'encontre de Salman Rushdie. Ouzbeks et Kirghiz s'entre-tuent
1990	Victoire du FIS aux élections municipales d'Alger. Saddam Hussein annexe le Koweit : guerre du Golfe
1991	Disparition de l'URSS
1992	Élections algériennes annulées ; début de la guerre civile. République islamique au Tadjikistan
1993	Conflits entre Coptes et islamistes en Égypte
1995	Assassinat de Rabin par un intégriste juif. Oslo : véritable début de l'État palestinien
1997	Massacre de touristes à Louxor
1998	Les taliban refusent d'extrader Ben Laden
2001	Attentat du World Trade Center à New York ; les États-Unis interviennent en Afghanistan, sanctuaire d'Al Qaïda

Réformisme :
retour aux sources ou modernité

L'impératif des réformes

Dans le monde de l'Islam, l'impératif des réformes coïncida avec une lente désagrégation de sa primauté dans la gestion des sociétés. Ce qui était sensible en Perse séfévide le devenait plus encore dans l'Empire ottoman où, sous-jacente à la théologie du pouvoir, se trame une pratique politique autonome dont le principe est que le royaume peut survivre à l'incroyance mais non à l'injustice. En quoi les sultans sont-ils encore des califes ?

Surtout et simultanément, dès la fin du XVIIIe siècle, l'influence de l'Occident se fait sentir, eu égard surtout à ses succès militaires et techniques. Mais les idées passent à leur tour avec le triomphe de la Révolution française. Moins que la revendication de la liberté, perçue en pays d'Islam sous son angle juridique, moins que l'idée d'une égalité qui, dans l'Empire ottoman, concerne les groupes sociaux mais guère les individus, c'est la diffusion de l'idée de nation qui déstabilise l'Empire. Elle est accompagnée par l'évolution de sens du *Watan*, ce terme qui désignait le foyer et qui, en Égypte d'abord, correspond de plus en plus à l'idée de patrie.

Cette influence des idées de la Révolution française concerna en premier lieu les minorités chrétiennes serbes, les Grecs et les Arméniens de l'Empire ottoman, même si l'aspect laïque des changements accomplis en France les troubla quelque peu. Mais elle concerna aussi l'Égypte et la Syrie. Quant au gouvernement ottoman, il vit surtout dans la Révolution française un danger pour l'ordre établi. « Puisse Dieu faire que ce soulèvement se répande comme la syphilis chez nos ennemis », écrit Halet Efendi, secrétaire privé de Selim III. Quand ce sultan fut renversé, le parti de la réaction religieuse prit le pouvoir.

De sorte qu'à Istanbul le besoin de réformes prit deux directions opposées : modernisation par l'adoption des pratiques occidentales d'un côté, retour à la tradition islamique de l'autre. Le même problème se retrouvait en Perse et en Inde car les coups portés par l'Europe aux grands empires atteignaient également l'Islam. Fallait-il donc pour résister à l'Occident assimiler sa science en apprenant l'anglais ou le français ici, le russe ailleurs, en jugeant que l'élément fondamental à maîtriser était la connaissance, que la religion et la science sont compatibles comme l'affirmait l'imam Marganî ? Ou, au contraire, tel le Tchétchène Uzun Hadj, dire son hostilité absolue à toute imprégnation occidentale : « Je tresse une corde pour pendre les ingénieurs, les étudiants, les intellectuels et en général tous ceux qui écrivent de gauche à droite. » À une autre frontière de l'Islam, à Peshawar, la purification et son retour aux sources, la lutte contre l'étranger, les Sikhs notamment, animent le combat de Sayyid Ahmad Barelwi, proclamé calife en 1830, qui juge en outre que la connaissance est bien l'élément fondamental du changement qui s'impose à l'Islam. À Delhi, Chah Waliullah s'inquiétait aussi de la sclérose de l'Islam, de l'enseignement figé des ulémas, des dangers que représentaient l'hindouisme et les Sikhs.

On retrouve les mêmes exigences et les mêmes interrogations dans le mouvement wahhabite apparu durant la seconde moitié du XVIIIe siècle en Arabie centrale, plus ou moins héritier de la pensée d'Ibn Taymiyya (XIIIe siècle) qui juge qu'un État n'est légitime que s'il contribue à faire pratiquer la charia. Abd al-Wahâb prend appui sur un émirat qui attaque Kerbala, centre de pèlerinage des chiites. Surtout, il met en cause l'autorité du sultan comme calife de l'Islam en lui fermant carrément l'accès des lieux saints : Médine et La Mecque. Mettant en cause la hiérarchie des ulémas, leur patronage des ordres soufi, trop tournés vers la vie intérieure, vers l'individu, pas assez vers l'application de la charia, cet ensemble de préceptes qui doit guider la vie des musulmans.

Désormais, au XIXe siècle, le plus influent des théoriciens de la rénovation de l'Islam est sans doute le Persan al-Afghani Jamal al-Din (1839-1897) qui pose pour la première fois de façon explicite l'opposition nécessaire et inéluctable entre l'Islam et le monde occidental. Il observe l'évolution inverse du christianisme et de l'islam. Le christianisme est très tôt une religion de prêtres qui contrôlent une société au service de l'Église : d'où la sacralisation de la royauté, l'Inquisition, etc. Mais, successivement, la réforme de Luther puis les Lumières minent les fondements de ce système. Enfin, le socialisme appelle au partage des richesses et scelle la fin du magistère de l'Église. L'Islam, au contraire, se veut au départ la critique de toute religion institutionnalisée.

Mais, peu à peu, il dégénère d'une religion pure en institution où un groupe de pseudo-savants (ulémas) et faux maîtres mènent à leur guise une masse illettrée. D'où la nécessité d'une réforme à la Luther.

Fasciné par les leçons et les progrès de l'Occident, il n'en rappelle pas moins que l'Islam inclut la science qu'il a d'ailleurs enseignée à l'Occident. Il fait triompher cette idée que, de la Perse à l'Égypte, l'Islam doit s'unifier, à la manière de l'Italie ou de l'Allemagne, en adaptant les idées européennes d'État-nation aux réalités d'un monde islamique divisé et soumis qu'incarne seul un Empire ottoman miné par ses minorités chrétiennes et que ne régénèrent pas les réformes de l'époque dite du « Tanzimat ». Tout comme les performances de l'artillerie européenne avaient convaincu Selim III qu'il fallait moderniser l'État, la philosophie politique et l'idéologie occidentales doivent contribuer à la renaissance de l'Islam. L'Europe apparaît ainsi à la fois comme un ennemi et comme un modèle. Par ailleurs, al-Afghani Jamal al-Din aide au retour à la tradition dans l'enseignement diffusé à l'université al-Azhar du Caire et, simultanément, il collabore à l'assassinat de Nasir Din, ce souverain persan qui s'apprêtait à ouvrir aux étrangers le commerce du tabac (1896). Indirectement aussi était condamné le principe monarchique, jugé responsable de la décadence de l'Islam, étant admis implicitement que le tyrannicide pourrait hâter la victoire du panislamisme entendu comme la réunification de l'umma, la communauté musulmane.

Notons que tous ces projets ne portaient pas encore sur ce que pourrait être un État islamique pour autant que ces deux termes ne sont pas jugés antinomiques.

Le dénominateur commun de la plupart des foyers de rénovation de l'Islam, qui devaient répondre au défi du colonialisme et dont les chantres avaient l'occasion de se reconnaître à l'occasion du pèlerinage de La Mecque, était la nécessité de rompre avec l'enseignement sclérosé des ulémas pour purifier ses connaissances, revenir aux pieux ancêtres, soit pour donner à l'enseignement du Coran une force nouvelle, soit pour élargir le savoir de la société musulmane, soit pour combiner ces deux objectifs.

De toute façon, l'élément fondamental du changement nécessaire était le recours à la connaissance. Au Maroc, cela prit la forme d'une lutte contre le maraboutisme, ailleurs d'autres figures, mais la renaissance scolaire se trouva toujours à l'avant-garde de la plupart de ces projets.

Mieux que d'autres, le ministre russe Il'minski l'a perçu : « Pour nous, rien n'est plus dangereux qu'un musulman cultivé. » Les dirigeants français en Algérie pensaient de même.

De fait, c'est dans le monde tatar de l'Empire des tsars, de la Crimée à Boukhara, que l'instruction se développa avec le plus de vigueur grâce, notamment, à l'action de Abd Ul-Kahjjum Nasyri (1825-1902), le « Lomonossov tatar » qui créa une langue littéraire tatare, et de Gasprinski, en Crimée (1842-1914), un des pères de la presse tatare, chantre de la renaissance nationale. Le résultat ? En 1897, plus de 5 000 écoles avaient été réformées, et 20 % des Tatars de Kazan savaient lire et écrire, contre 18,3 % des Russes. Ainsi, c'est grâce à l'instruction qu'au sein de l'Empire russe les musulmans conservateurs perdirent la partie face aux modernistes.

Les conséquences furent considérables.

Des Ottomans aux Turcs : l'Islam domestiqué

Alors que, dans l'Empire des tsars, l'hostilité entre l'Islam et la chrétienté était l'héritage d'un conflit ancestral entre les États russe et tatar que la politique de russification menée par Alexandre III et Nicolas II devait revivifier, dans l'Empire ottoman, ce fut l'occidentalisation des institutions et des mœurs qui fit passer à l'intérieur de la société un conflit qui s'était limité jusqu'alors au défi que les puissances impérialistes (Grande-Bretagne, France, Russie) avaient lancé à ce qu'ils appelaient l'« homme malade ». Les guerres qui en furent l'aboutissement (1912-1918) s'achevèrent par la disparition de l'Empire ottoman, l'abolition du sultanat et du califat, et en Turquie par la domestication de l'Islam.

La pénétration des idées de l'Occident à partir du XIXe siècle fut renforcée par l'action des missions chrétiennes, des ordres religieux également, qui instillèrent chez les chrétiens l'idée qu'ils constituaient des minorités.

La Russie fut la première à intervenir pour la défense du droit des orthodoxes sur les Lieux saints, cause et prétexte de la guerre de Crimée. Mais, auparavant, les Serbes et les Grecs, bientôt les Roumains et les Bulgares, communautés majoritaires, s'étaient soulevés, au nom de leur religion et de leur liberté. Au milieu du siècle, l'Empire, jusqu'alors à moitié chrétien, était déjà devenu aux deux tiers un État musulman.

Plus que tout autre crise, la sécession de l'Égypte, aux temps de Mehmet-Ali et ensuite, avait convaincu le sultan de la nécessité de réformer l'État ottoman.

L'ère des réformes qui s'ouvre en 1839, dite « époque des Tanzimat », s'achève quarante ans après ; associé à la modernité, son bilan politique est jugé désastreux pour le pouvoir. D'un côté, certes, au plan technique et économique, l'irruption des chemins de fer, de navires à vapeur, de constructions nouvelles, etc., traduit un changement tout comme dans les mœurs ou dans l'administration qui s'ouvre aux méthodes de l'Occident — création d'un cadastre, occidentalisation du droit —, voire d'un processus de sécularisation plus général associé à une liberté d'expression plus grande. D'un autre côté, l'objectif prévu — la consolidation de l'Empire — n'est en rien atteint ; au contraire, il perd de nouveaux pans de son espace (Kars, Ardahan, Chypre, Montenegro, bientôt Thessalie, Tunisie, Crète) ; et même son immunité est atteinte puisque, si après la guerre de Crimée, au traité de Paris de 1856, il faisait encore partie du concert européen, après le traité de Berlin en 1878, suite à ses défaites contre la Russie, les puissances disposent d'un droit d'ingérence pour venir en aide aux Arméniens si nécessaire.

Minorités chrétiennes, nation chrétienne, constituaient ainsi les ferments qui détruisaient de l'intérieur l'Empire ottoman, à la faveur de ces réformes qui leur avaient permis de se constituer en forces hostiles en rendant possible la conjonction des chrétiens de l'intérieur avec les puissances chrétiennes de l'extérieur.

Cela ne pouvait que susciter ce mouvement de ressac qu'effectue le nouveau sultan Abdul Hamid II, qui demeure pourtant favorable à la modernisation économique et technique du pays, au point même d'accepter la constitution d'une dette publique contrôlée par les puissances. Il pense en effet que cette ingérence-là le protège du dépeçage pour autant que les intérêts financiers de l'Angleterre, de la France ou de l'Allemagne peuvent dénouer leur solidarité avec les minorités chrétiennes. Effectivement, lorsque les Arméniens appellent la France au secours, après une crise suivie de répression, Paris fait la sourde oreille. Il est vrai que ce sont les écoles américaines qui supplantent les françaises dans le monde arménien ; alors que celles-ci sont hégémoniques dans le Proche-Orient arabe, s'adressant essentiellement aux Arabes chrétiens ; en 1914, il n'y a que 8,7 % de musulmans dans les écoles françaises du Levant. Paris est moins sourd aux appels des chrétiens du Liban.

Aussi la réaction hamidienne se situe-t-elle essentiellement sur le terrain de l'Islam, sensible à l'humeur de plus en plus antichrétienne des populations majoritairement musulmanes de l'Empire depuis que la Grèce, la Serbie et la Bulgarie avaient conquis leur indépendance. Après les massacres de Sassoun (1894-1896) et l'exil de milliers d'Arméniens vers la Transcaucasie ou l'Amérique, un des cheikhs kurdes responsables de la répression est accueilli en héros à Diyarbakir alors qu'il se rendait en pèlerinage à La Mecque (F. Georgeon).

Peu à peu, Abdul-Hamid glisse du personnage du sultan vers celui du calife en évitant de se montrer tout en répandant son image, ce que les libéraux dénoncent comme de la couardise. Un sultan caché en quelque sorte comme un imam qui juge que l'Islam doit devenir le principe de régénération de l'Empire. Veut-il faire du califat une institution calquée sur la papauté qui le sacraliserait en sa double personne ? Au moins cet abandon de l'ottomanisme, qui tendait au nivellement des statuts, convient-il aux Kurdes et aux Albanais. Quant aux Arabes, pour prévenir la naissance de leur nationalisme,

Abdul-Hamid se les associe, en en plaçant quelques-uns à des postes clés de l'État, notamment dans l'armée où il introduit des notables à la tête du sérail, choisissant aussi bien des chrétiens maronites que des chefs de tribu...

Il reste que ces principes visaient à prévenir la montée des nationalités autant qu'à régénérer la religion musulmane. Héritage de l'époque des réformes ou *tanzimats*, les ulémas demeurèrent sous le contrôle du pouvoir, les confréries restèrent à l'abandon, de même que les écoles, les « médersas* ». En bref, la décadence des institutions et de la parole islamiques se manifestèrent de toutes les façons : François Georgeon a calculé que les livres de religion représentaient 38 % des livres imprimés sous Abdul Medjid (1839-1861) et 14 % sous Abdul-Hamid (1876-1909).

Les réformes n'émanaient pas d'une pression de la population mais des dirigeants qui avaient entrepris d'occidentaliser quelques-unes des institutions politiques et financières tout en maintenant à la base de la société ses traditions les plus enracinées. Étant donné qu'en 1868 il n'y avait encore que 2 % de personnes instruites, ces réformes n'étaient appréciées que d'une petite minorité qui peu à peu s'émancipa et contesta le caractère arbitraire et autoritaire du régime. Se constituant en « Jeune Société ottomane », ces intellectuels joints aux militaires déposèrent Abdul-Aziz et contribuèrent à la promulgation de la Constitution de 1876 qui accordait aux minorités religieuses et nationales une ample représentation. À la Jeune Société ottomane se substitua un Comité ottoman d'union et de progrès plus radical, dont les membres se dénommèrent « Jeunes

Turcs » et s'organisèrent en société secrète à l'image des *carbonari*. Il y avait parmi eux des non-Turcs, en l'occurrence des Kurdes, des Arabes, des Albanais, de même que des membres des confréries soufi. Leur coup d'État, en 1896, échoua, mais, en 1908, ils contraignirent Abdul-Hamid à appliquer la Constitution puis ils le déposèrent.

Bien qu'ils aient professé l'ottomanisme, c'est-à-dire l'égalité et la coopération intercommunautaires, ils abandonnèrent ce programme dès qu'après les guerres dans les Balkans les Albanais musulmans commencèrent à s'agiter. Exerçant un pouvoir quasi absolu après une sorte de coup d'État en 1913, ils s'étaient militarisés sous la conduite d'un triumvirat comprenant Enver, Tal'at et Jemal Pacha. Si, d'un côté, poussant les réformes plus avant, ils avaient séparé l'État de la religion et placé l'enseignement sous leur contrôle, amélioré le sort des femmes, aboli les Capitulations signées avec François Ier qui perpétuaient une certaine dépendance vis-à-vis de l'étranger, d'un autre côté, ils contribuèrent à exacerber le sentiment national turc en s'assurant l'appui des conservateurs grâce à leur panislamisme intérieur, des fonctionnaires par leur ottomanisme, des jeunes par la glorification de leur turcité, à un moment où, l'une après l'autre, les nationalités se détachaient de l'Empire. Ce fut Ziya Gökalp qui définit ce nationalisme, situant la nation entre la parenté et la communauté musulmane. Or ce nationalisme turc — qui s'appuyait sur l'unité de la langue et la religion, comme l'enseignait al-Afghani, et non sur l'État — se manifesta autant contre l'esprit ottoman qui reconnaissait l'existence de multiples communautés (massacre d'Arméniens, de Grecs, etc.) qu'envers l'ennemi extérieur, les puissances occidentales.

Ainsi, l'Islam n'était plus le principe de l'État mais l'un des éléments constitutifs de la nation.

Ce fut la guerre de 1914-1918 qui causa le grand ébranlement de l'Empire ottoman : il disparut et bientôt le califat avec lui.

Le 11 novembre 1914, au nom du sultan calife, commandant des croyants, les ulémas lancèrent un appel à la guerre sainte. « Il était du plus impérieux devoir religieux de participer à la lutte, en corps et en biens [... et ainsi] de pouvoir compter en tout sur l'assistance de Dieu. » La guerre avait également ses motivations panturques : « Turan nous attend. Du Caire à Batoum, de l'Inde à l'Afghanistan, on nous attend » (Gökalp).

Islam et panturquisme attendaient de cette guerre une grande revanche car, dans la logique des alliances, l'Empire ottoman trouvait contre lui ses plus récents prédateurs : la Grande-Bretagne qui avait saisi Chypre et contrôlait l'Égypte depuis 1881, la Russie présente à Kars et Ardahan, la France qui avait imposé son protectorat à la Tunisie, dès 1911 l'Italie qui avait conquis la Tripolitaine et, en 1908, la Grèce qui s'était saisi de la Crète et d'une partie de la Thessalie, figuraient parmi les ennemis de la Sublime Porte. Certes, la Bulgarie et l'Autriche-Hongrie, ses alliées, comptaient aussi parmi ses récents prédateurs, mais les sujets des dirigeants Jeunes Turcs visaient une régénération tournée vers le monde musulman plus qu'une reconquête des Balkans. Surtout, le sultan disposait d'un allié sûr, l'Allemagne de Guillaume II, au faîte de sa puissance et qui, depuis la crise marocaine, s'était toujours présentée comme l'amie de l'Islam.

Or, malgré quelques succès — l'enfermement des alliés débarqués aux Dardanelles, la reddition des Anglais à Kut al-Amara —, les Ottomans subissent deux graves échecs. D'abord face aux Russes qui, à la faveur du retournement des troupes arméniennes, occupent bientôt Erzerum, et cette défaite est à l'origine du massacre et de la déportation de plus d'un million d'Arméniens — le « génocide ». Ensuite, le soulèvement des Arabes, ce coup de poignard dans le dos survenu alors que le sultan, depuis plusieurs décennies, avait multiplié les gestes en leur faveur. Mais l'action des Anglais avait aidé au succès d'une insurrection à l'issue de laquelle le chérif* de La Mecque, Hussein Ibn Ali, se proclamait « roi des Arabes ». À son tour, il lançait une *fatwa**, mais dirigée cette fois contre le sultan... Ce coup de poignard signait la défaite du sultan.

Pour la première fois depuis 1453, date de la chute de Constantinople, l'ennemi occupait la capitale de l'Empire ottoman, siège du califat.

Les minorité chrétiennes — les Grecs et les Arméniens surtout — laissèrent éclater leur joie, acclamant les troupes anglaises, françaises, grecques, italiennes qui se saisirent de l'Empire. Au traité de Sèvres, ces minorités savourent une victoire qui accorde une grande Arménie aux uns, un mandat aux Français et aux Anglais en Syrie, au Liban, en Palestine, des enclaves grecques en Asie Mineure, dont Smyrne. Non seulement n'y avait-il plus d'Empire ottoman, mais le territoire turc lui-même était amputé de tout côté, les Kurdes revendiquant à leur tour leur autonomie. De l'ancien Empire ne restaient que des débris.

Il est fréquent, en Histoire, qu'une nation vaincue soit fascinée par son vainqueur et qu'une partie de l'opinion pense à s'inspirer de ses institutions. Il en a été ainsi en France après le traité d'Utrecht, lorsque certains se laissèrent séduire par le parlementarisme anglais, comme d'autres à nouveau, en 1940, par le régime nazi. À Istanbul, c'est bien l'Angleterre qu'admirent les milieux libéraux qui se demandent si, sous sa protection, la Turquie ne gagnerait pas à s'insérer ainsi dans le camp des vainqueurs. Et puis, présente au Caire comme à Aden et à Bagdad, la Grande-Bretagne n'est-elle pas aussi un rempart contre le bolchevisme ? Contre cette attitude soumise du sultan et de son gouvernement, une partie de l'armée se soulève. Mustafa Kemal incarne cette résistance qui joue de l'Islam en présentant le sultan comme le prisonnier et l'otage des vainqueurs. Sans doute cette armée avait-elle déjà lancé la révolution dite « Jeunes Turcs » et réprimé une contre-révolution islamique dix ans plus tôt, mais le monde musulman veut l'ignorer : pour sauvegarder l'intégrité territoriale de la Turquie, des manifestations de solidarité ont lieu à Bombay où les musulmans de l'Inde adressent 125 000 livres sterling à Mustafa Kemal comme les Senousis de Libye l'assurent de leur soutien.

Face à cette mobilisation, le sultan décide d'agir en commandant des croyants. Il lance une *fatwa* contre Mustafa Kemal qu'il a révoqué de son commandement pour prévenir la création d'une Assemblée nationale. La contre-*fatwa* de Kemal n'empêche pas le califat de lever une armée ; puis, devant les menaces d'une offensive grecque et l'attitude ambiguë d'une « armée verte » composée de paysans incontrôlables, qu'il a pourtant suscitée, Kemal accepte l'aide de Tchitcherine, les Turcs faisant appel à la république des Soviets « pour combattre ensemble l'impérialisme ».

(2) *Mustafa Kemal au début de la guerre d'indépendance.*

Cette alliance effarouche moins les musulmans que les puissances occidentales. Celles-ci se demandent si l'Islam traditionaliste ne peut pas être un allié contre le bolchevisme. On retrouvera ce même dispositif mis en œuvre par les Américains à l'heure de la Guerre froide et après.

Les « agents de l'impérialisme », ce sont d'abord les Arméniens sommés de ne plus reconnaître le traité de Sèvres, c'est-à-dire l'indépendance promise associée à de larges frontières mais encore indéterminées. Financée par Moscou, l'armée turque rénovée écrase les forces arméniennes et met fin aux rêves du parti Dashnak. L'Arménie se réduira désormais à un petit territoire sous contrôle soviétique, territoire qui d'ailleurs n'est plus au cœur de l'Arménie.

Les Arméniens vaincus et repoussés, vient le tour des Grecs qui avaient vu avec crainte les autres forces alliées quitter l'Asie Mineure. À leur tour, ils sont écrasés par Mustafa Kemal qui devient ainsi pour les Turcs « le libérateur », ce que concrétise le traité de Lausanne qui signe l'abandon, par les alliés, de la cause arménienne.

Alors, en trois temps, juste après que l'incendie de Smyrne eut parachevé la débâcle des Grecs, Kemal fait voter l'abolition du sultanat par l'assemblée d'Ankara, institue Ankara comme nouvelle capitale, proclame la République, fait élire Abdül Medjid, fils du sultan déchu, nouveau calife par cette même assemblée.

Un calife désigné par une assemblée parlementaire, voilà qui indiquait l'orientation du nouveau régime ; voilà surtout qui allait soulever l'indignation de l'Islam traditionnel quand, étape ultime, le « père de la patrie » finit par abolir le califat (1924).

Égypte : entre patrie, modernité et Islam

Au sein de l'Empire ottoman, c'est l'expédition de Bonaparte en Égypte qui avait constitué le premier avertissement. Combinée avec les mouvements ultérieurs d'indépendance serbe et grec, elle avait eu pour effet de persuader le sultan d'opérer des réformes de fond pour moderniser l'État sur un modèle occidental ; et pas seulement la défense militaire de l'Empire. Cette époque, dite des *tanzimats*, s'ouvre en 1839.

Mais, en Égypte même, l'irruption de l'étranger avait suscité aussi l'éveil des ulémas qui, simples conseillers et intermédiaires entre les dirigeants mamelouks* et la masse illettrée, se révoltent contre les Français après avoir plus ou moins collaboré avec eux. « Quelle est votre utilité si vous ne pouvez arriver à réprimer une révolte ? » leur avait demandé Kléber. Bonaparte ne s'était-il pas présenté comme le libérateur des Grecs, des Égyptiens, des Arméniens, incarnation de cette civilisation qu'avaient détruite les Turcs ? Les ulémas se rallièrent ensuite à la révolte de Mehmet-Ali contre le sultan en posant comme condition l'annulation de certaines taxes. Ainsi se scellait l'alliance des clercs et des commerçants contre le pouvoir administratif. Ce moment situe un apogée des ulémas d'al-Azhar, que Mehmet-Ali domestique ensuite en échange de nombreux privilèges.

Pour autant que Mehmet-Ali s'affirme rival en modernité du sultan, voulant faire de l'Égypte un État à l'occidentale, les ulémas, obligés de se soumettre, sapent désormais en sourdine les mesures de modernisation, notamment dans l'enseignement, ce qui menaçait directement leur monopole. Tout se passe alors comme si le

(3) *Cour de la mosquée al-Azhar, 972 (les minarets sont mamelouks).*

projet national égyptien se mettait à ignorer le rôle des ulémas et de leurs étudiants, pauvres le plus souvent.

Cette offensive de l'État-nation réformateur contre les ulémas met aussi en concurrence un savoir moderne — à peine glissé dans leur enseignement faute de compétence — et un savoir traditionnel. Leur partenariat avec l'État s'étant affaibli, leurs privilèges également, cette déchéance donne conscience aux religieux qu'ils occupent un pôle idéologique, voire politique (Daniel Crecelius). Contre cette relégation s'élève Umar Makram qui déclare qu'il est en son pouvoir, au nom du peuple, de déposer le dirigeant injuste. Il est exilé.

Mais, sous Mehmet-Ali et son successeur, la modernité de l'État a transfiguré le pays qui connaît un apogée : pas tant par son expansionnisme au Soudan — dans les lieux saints que Mehmet-Ali reprend aux wahhabites — que les puissances occidentales, l'Angleterre surtout, tempèrent et freinent de leur mieux, que par ses réalisations. Le khédive Ismaïl cède ainsi à la fascination des chemins de fer et des navires à vapeur, il se lance dans la construction du canal de Suez. À son inauguration furent invités des princes, des écrivains — Ibsen, Fromentin, Zola, etc. —, des musiciens. En 1869, l'impératrice Eugénie prit la tête du premier cortège de navires qui franchirent le canal et, au Caire en 1871, on inaugura l'opéra avec une représentation d'*Aïda* de Verdi, écrit pour la circonstance. Cédant à la tentation de l'Occident, il s'endette et tombe dans les filets des banques européennes, qui suscitent intervention militaire puis soumission au protectorat britannique.

Il en eût fallu moins pour discréditer l'État et son gouvernement aux yeux des masses musulmanes, et revaloriser les instances qui résistaient au mouvement.

Le bombardement d'Alexandrie par les Britanniques, puis leur débarquement suscitèrent une indignation plus religieuse que nationale, le pays se trouvant partagé entre modernistes et traditionalistes, entre un nationalisme libéral, laïc, et un nationalisme panislamique inspiré de al-Afghani Jamal al-Din et Muhammad Abduh, dont les idées émanaient des ulémas de l'université d'al-Azhar.

C'est le nationalisme proprement égyptien — désormais plus anti-anglais qu'ottoman — qui prend le dessus et sécrète des partis politiques à l'occidentale, tel le Wafd*, incarnation de la laïcité. Dès lors, un processus inverse du précédent, de type européen, se met en place, les ulémas se plaçant sous la protection du trône contre la bourgeoisie qui s'était approprié l'État. Or le pays, malgré l'indépendance reconnue par l'Angleterre en 1922 en échange de sa participation à la guerre, demeure en partie occupé et en tout cas sous influence.

En 1927 a lieu une manifestation des étudiants et des ulémas de l'université d'al-Azhar aux cris de « Vive le roi, à bas le Parlement, le gouvernement et Saad Zaghloul ! » (chef historique du Wafd et Premier ministre).

La laïcité et l'occidentalisme, tels sont les ennemis qui mettent en cause l'islamité foncière de l'Égypte, du monde arabe et musulman, et que seul défend bien un roi précisément, Ibn Seoud d'Arabie qui s'appuie sur la doctrine wahhabite. C'est vers lui que se tournent ceux qui, en Égypte, désespèrent de l'Islam et jugent que ni les ulémas ni même leur roi ne mènent le combat. C'est ainsi qu'un fils d'uléma, al-Banna, maître et martyr, fonde les Frères musulmans (1927). Mais c'est vers La Mecque également que se tournaient, dès 1858, les populations antiottomanes de Beyrouth et de Damas, au patriotisme

(4) Hassan al-Banna, au centre,
entouré des tout premiers Frères musulmans.
Le Guide porte le turban d'un imam.

moins territorial que celui de l'Égypte et qui projetaient la construction d'un royaume arabe.

On voit la contradiction : si les populations d'Égypte et de Syrie se tournent vers La Mecque pour retrouver leurs racines islamiques, elles s'aliènent nécessairement les Coptes d'Égypte, chrétiens comme une bonne partie des Arabes de Syrie.

Ainsi, dès l'origine, se croisent plusieurs aspirations exclusives ou non les unes des autres, expressions d'une identité multiple et dont la complexité n'émerge qu'avec les conflits que cela suscite : une appartenance islamique, arabe, territoriale, communautaire.

Jusqu'en 1918, les peuples arabes d'Orient et l'Égypte surtout revendiquaient une indépendance *de jure* que celle-ci acquérait dès l'époque de Mehmet-Ali. Mais, pour ce faire, l'Égypte n'avait pas hésité à faire appel à l'Occident, à la France notamment, au passé révolutionnaire et volontiers critique envers la religion. Par ailleurs, au sein de ces pays arabes d'Orient, la révolte sourd contre l'Ottoman qui se défend mal contre l'Occident en train de le coloniser. La nation arabe prend son essor dans ce contexte, étant admis que l'unité entre Damas, Beyrouth, Bagdad et Le Caire ne peut se faire qu'en désislamisant le mouvement. De sorte que l'identification de l'Islam au monde arabe et du monde arabe à l'Islam était oblitérée, pour cette autre raison également que le sultan était le commandeur des croyants.

Ainsi, en Égypte comme en Syrie, si l'on choisit la modernité pour mieux résister à la pénétration du monde occidental, que reste-t-il de l'identité arabe, sinon la langue et l'attachement au territoire ? Et, par contrecoup, ce choix ne peut que ressusciter un Islam fondamentaliste comme l'atteste ultérieurement l'apparition des Frères musulmans qui contestent l'idée de nation ainsi conçue et veulent retrouver les sources de la vraie foi.

Dès 1869 au Caire, un texte de Rifâ'a Râfi' al-Tahtâwî ayant pris la mesure de ce schisme visait à séparer la politique de la religion, à revendiquer l'égalité de tous les citoyens au sein de la patrie et à faire du travail la source de toute valeur. On trouvait là une trace des idées de Saint-Simon. « C'est la patrie qui doit être le lieu de notre commun bonheur, bâti par la liberté, la pensée et l'histoire. » Il n'était plus question de l'Islam... Allant plus loin, Abdallah al-Nadim, lié au mouvement Jeune Égypte, jugeait que « la fusion des musulmans et des Coptes avait été la digue qui avait préservé l'Égypte de la propagande de l'Occident ». Allant encore plus outre, Taha Hussein, formé à l'université al-Azhar, et premier docteur ès lettres du monde arabe, s'interroge sur la vocation de l'Égypte, méditerranéenne ou orientale… Cette dernière « ne tient qu'à l'unité de religion ou d'échanges politiques temporaires […]. Les musulmans eux-mêmes ont cessé depuis longtemps de prendre l'unité de religion ou de langue pour fondement de la royauté ou pour base de l'État […]. Le monde musulman a pris la place dès le XIIe siècle de l'État musulman ». Et chez Rifâ'a Râfi' al-Tahtâwî, qui popularise dès 1855 la notion patriotique de *Watan*, l'histoire de l'Égypte ne commence pas avec l'avènement de l'Islam, elle s'achève au contraire avec la conquête arabe.

Ce patriotisme-là, ni musulman, ni arabe, ni ottoman, est égyptien, exclusivement égyptien. Il s'y mêle même une pointe d'hostilité envers les Arabes, du moins ceux d'Arabie. Ainsi, dans les manuels scolaires, tel *Al Mawad Elegtemaiia,* classe de 8e, édité en 1976, il est écrit : « L'Arabie est le lieu d'où est parti le Prophète, et le lieu principal originaire des Arabes. Ils y vivaient une existence tribale, simple avant l'arrivée du Prophète […]. Certains Arabes étaient chrétiens ou juifs. Les guerres étaient fréquentes entre les cheikhs et nombreuses les vendettas car il n'y avait pas un seul État. Parmi les traditions à respecter, il y avait l'hospitalité, la fidélité, la protection du voisin, la vénération des plus âgés. Mais aussi de mauvaises habitudes : l'esprit de vengeance, le goût de la boisson, du jeu, de l'enterrement des filles vivantes. À cause de tout cela, Dieu leur a envoyé le Prophète. »

Devant ce défi, la réaction islamiste allait plus loin que la contestation due aux circonstances, changeantes, de la vie politique. Muhammad Abduh, disciple d'al-Afghani Jamal al-Din, juge qu'« après qu'on aura tordu le cou aux grands et à leurs proches […], on rectifiera ce qu'il y a de défectueux dans leur nature par les méthodes les plus efficaces, jusques et y compris l'excision et le fer rouge si besoin est. On élèvera les âmes des petits dans le sens de la volonté et on agira sur les âmes comme le fait l'horticulteur quand il plante des tuteurs rectilignes pour redresser les plantes en croissance ». La responsabilité de la déchéance de l'Islam tenait aux innovations, à l'esprit d'imitation servile, à l'influence des ordres mystiques. Le résultat était un Islam fermé à l'esprit scientifique, incapable de s'adapter au monde moderne ; il fallait susciter une dynamique nouvelle dans le commerce, l'industrie, la banque... Passées aux Frères musulmans, à Hassan al-Banna en particulier, ces idées ont été léguées en héritage : on le retrouve aujourd'hui chez des Arabes tels qu'Oussama Ben Laden.

Islam et laïcité

Le dogme et la loi de l'Islam sont-ils aussi intangibles que le proclament quelques-uns de ses prêtres ? Lorsque Mustafa Kemal rallie à lui les populations de Turquie et triomphe des envahisseurs, grecs notamment, c'est le patriote, chantre de l'indépendance, de l'intégrité du territoire menacé qu'on acclame. Et lorsqu'il met fin au règne du sultan, « ombre de Dieu sur la terre » et symbole de l'Islam, il y a peu de musulmans qui protestent en Turquie ; ceux qui le font, tel Enver Pacha, instrumentalisent la foi des croyants plus qu'ils ne la défendent : dans un premier temps, ne s'allia-t-il pas aux bolcheviks ? Quelques décennies plus tard, lorsque, s'inspirant précisément d'Atatürk, Habib Bourguiba interdit la polygamie et encourage la violation du jeûne du ramadan, il se contente de prendre quelques précautions théologiques et juridiques : après les succès qu'il a obtenus — l'indépendance —, les protestations sont insignifiantes.

> « Jeûnez durant les jours comptés
> Celui d'entre vous qui est malade ou qui voyage
> Jeûnera ensuite un nombre égal de jours
> Ceux qui pourraient jeûner et s'en dispensent
> Devront, en compensation, nourrir un pauvre
> Celui qui, volontairement, fera davantage
> Y trouvera son propre bien »
>
> (SOURATE II, *La Vache*).

Ainsi, pour autant qu'elle vienne de l'intérieur, la réforme de l'Islam, ou les changements dans l'Islam ou, si l'on préfère, ses différentes interprétations, a pu parfaitement être admise, acceptée.

Atatürk et Bourguiba se voulaient laïcs, pas antireligieux. Leur lutte était placée, à l'origine, sous le drapeau de l'indépendance ou de l'intégrité de la nation.

Dans l'entre-deux, s'inspirant également d'Atatürk, Abd el-Krim s'est trouvé au Maroc devant un problème du même ordre. Dans sa lutte contre les Français et les Espagnols, il entre en dissidence avec un souverain qui, lui, tel le sultan ottoman, incarne l'Islam en tant que descendant du Prophète. La proclamation de la république du Riff en 1923 ne vise pas seulement à l'indépendance de son pays mais à un changement politique plus profond, pas nécessairement en liaison avec le sultan. Il voulait faire du Maroc, disait-il, « une grande nation d'hommes libres ». En tant que juge, et par la médiation du droit coranique, il entend dissocier l'Islam de l'État. Ces dispositions rendent compte du fait que son soulèvement — qui échoua — a été glorifié par les communistes et par Moscou plus que par les indépendantistes monarchistes d'Égypte (Wafd), de Tunisie (vieux Destour) ou plus tard du Maroc. Dans ce contexte, on comprend qu'entre 1925 et 1955 les organisations associées au sultan, puis ensuite au roi du Maroc, aient quelque peu jeté un voile sur l'insurrection du Riff, quitte, bien entendu, à la glorifier ensuite pour autant que sa commémoration était sans risque pour le pouvoir.

Le souvenir de l'émir Amân Allah d'Afghanistan, également, est quelque peu effacé. Émule d'Atatürk, il fit appel dès les années 1920 à des instructeurs et conseillers venus d'Ankara. Il commença à laïciser les structures judiciaires, à prendre des mesures en faveur de l'émancipation des femmes, proposant de les dévoiler, de les laisser se faire couper les cheveux « conformément à la mode » : il suscita une révolte d'une partie des tribus afghanes et dut partir en exil (1928).

Ces exemples et ces cas montrent que laïcité et Islam, émancipation et modernité peuvent se conjuguer pour autant que ces changements s'inscrivent dans un contexte de libération nationale et que certaines précautions sont prises dans leur application. Avant même Mustafa Kemal, le Tatar Sultan Galiev, musulman et communiste, avait, en 1921, posé le problème mais en le poussant à l'extrême : comment être antireligieux en pays d'Islam.

« Cela oblige à adopter des méthodes particulières [...] et différentes suivant les divers peuples musulmans. Religion "jeune" et donc forte, l'Islam a mieux préservé ses éléments sociaux et politiques, alors que les autres religions font valoir surtout les éléments éthiques et religieux. Le droit [la charia] est un code de lois et de normes juridiques qui régit toutes les manifestations de la vie terrestre [...]. Certaines de ses prescriptions ont un

(5) La Turquie adopte les caractères latins. Mustafa Kemal donne une leçon d'écriture sur une place publique de Sivas (19 septembre 1938).

caractère nettement positif, tels le caractère obligatoire de l'instruction du berceau à la tombe, l'obligation du travail, l'absence de propriété de la terre, la condamnation des superstitions, de la sorcellerie, des jeux de hasard, du luxe, des vêtements de soie et des bijoux en or, des boissons alcooliques, de l'usure et du cannibalisme [...]. La force du clergé, dit Galiev, s'explique par sa position [...], le mollah est à la fois prêtre, instituteur, administrateur des successions, juge et parfois médecin... En outre, alors que, chez les Russes, on trouve une paroisse pour 10 000 à 12 000 habitants, chez les musulmans, on compte une mosquée pour 700 à 1 000 âmes. En outre, ce clergé est électif [...] alors que le prêtre, nommé par des autorités supérieures, a une autorité moindre. [...]

« La difficulté, en menant une propagande antireligieuse, est de passer pour des adversaires de l'Islam et d'être comparés aux missionnaires, avec leur réseau de séminaires et d'académies religieuses. Il ne s'agit pas de lutte antireligieuse mais de propagande antireligieuse. [...] Nous ne combattons aucune religion comme telle, mais nous désirons propager nos convictions athéistes, ce qui est notre droit naturel. [...] Nous devons montrer que nous continuons l'action de nos propres intellectuels. [...] Il ne faut pas dire : "Vous voyez, je piétine le Coran et il ne se passe rien, donc ce livre n'est pas sacré et il n'y a pas d'Allah." Il vaut mieux se moquer des autres religions et que l'on pense alors que nos propres mollahs sont aussi des escrocs. [...] Mais il faut d'abord s'instruire pour pouvoir être des citoyens qui peuvent se faire entendre et devenir des citoyens à part entière. » C'est ce que voulut faire Mustafa Kemal.

Auréolé de ses victoires et de sa gloire, après avoir mis fin au califat et en faisant de la laïcité un des principes du régime, Mustafa Kemal eut l'habileté de déclarer l'Islam religion d'État. La modernisation dont il se fit le chantre portait moins, pourtant, sur la séparation entre l'Église et l'État, que l'époque des *tanzimats* avait déjà entreprise, que sur l'instauration du code civil, imité de celui qui est appliqué en Suisse... En effet, même l'application d'un code commercial d'inspiration allemande ou celle d'un code pénal emprunté à l'Italie s'opèrent sans difficultés particulières alors que l'instauration du code civil signifie la laïcisation du statut de la femme, pivot de la coutume en pays musulman.

Tandis que, d'un côté, disparaissent les tribunaux du cadi*, l'enseignement traditionnel des médersas, de l'autre, sont abolis le voile, la polygamie, les harems, la répudiation des femmes. Électrices avant les Françaises, les femmes turques deviennent éligibles. La visibilité du corps des femmes, la mixité des fonctions, voilà qui fait de l'égalité des sexes le drapeau de l'occidentalisation.

Une tentative de réaction, au nom de l'Islam, pour la restauration du califat eut lieu en 1925. Mais la révolte de Cheikh Sa'id représentait en fait une tentative des Kurdes d'obtenir l'indépendance de leur pays. Son échec accentua le caractère nationaliste et turc des réformes : interdiction de l'écriture arabe, création d'instituts de la langue et de l'histoire des Turcs, etc. Le renoncement au port du fez et des vêtements orientaux — babouches, turbans, pantalons bouffants — compléta cette marche forcée à la modernisation, une occidentalisation de fait.

Sous la férule d'Atatürk puis de son successeur, les effets économiques de ces réformes furent réels. Ils suscitèrent l'admiration du Chah de Perse qui voulut à son tour les adopter comme, bien plus tard, Habib Bourguiba s'en inspira. Mais elles avaient été imposées autoritairement par en haut, sans aucune approbation venue d'en bas, et, quelques décennies après, durant les années 1980, vint l'heure du ressac.

Il semble que la survivance de ces pratiques ait pu mieux être sauvegardée dans les ordres mystiques bien qu'Atatürk ait ordonné la fermeture des *tekke** — ces lieux de méditation et de retraite — « dont le but est d'endormir et d'abrutir le peuple ». La dissolution des *tariqa** — les ordres mystiques —, la vente des *tekke* ne les empêchèrent pas de demeurer des relais, des témoins, dans les campagnes notamment : lors du coup d'État militaire de 1980, les banderoles de l'insurrection étaient écrites en arabe, la langue du Coran.

C'est un ancien officier de l'armée ottomane, Husni Zaïm, un Kurde d'Alep, qui, disciple d'Atatürk, prend le pouvoir en Syrie en 1949. Il favorise l'émancipation des femmes, leur donne le droit de vote, accélère l'adoption de codes juridiques au détriment de la loi islamique, impose aux fonctionnaires le costume occidental, supprime la plupart des *waqf*, ces fondations religieuses contrôlées par les notables, occidentalise l'université. Pour avoir imaginé de nouvelles négociations avec Israël après la défaite de 1948, et pour avoir également autorisé l'oléoduc de l'Aramco contrôlé par les Américains, à travers le territoire syrien, pour être aussi jugé trop proche des Turcs, il est victime d'un assassinat, le premier d'une série qui accompagne les coups d'État des militaires syriens après 1948.

Sous le gouvernement de Chichakli, malgré l'opposition du Ba'th et des chrétiens, l'Islam conserve sa position de religion d'État.

Laïc, Bourguiba l'est également dans un pays ouvert depuis longtemps aux idées de l'Occident. Avant même la colonisation, le général Khereddine, ministre d'Ahmed

Bey, avait écrit *Connaissance de l'État et des nations* pour faire connaître le fonctionnement des institutions européennes aux mamelouks, cette classe administrative qui gérait le pays. Un mouvement imité de Jeunes Turcs s'était constitué au début du protectorat français. Les premiers mouvements nationalistes, tel le Destour, empruntent au vocabulaire de l'Islam, mais, lorsque Bourguiba en fait un parti construit à l'image des partis politiques européens — avec une annexe syndicale —, l'émancipation à laquelle il vise est empreinte de modernité.

Laïc, il fait l'éloge de la religion dans un pays où les campagnes demeurent musulmanes. « Nous estimons que le besoin de croire est inhérent à la nature humaine [...]. Ce ressort peut être utile dans la lutte pour le progrès. Plutôt que d'étouffer ce sentiment, de l'attribuer au fanatisme, d'y voir un phénomène archaïque, nous pensons qu'il doit être un élément moteur [...]. Ne lui doit-on pas tout ce que les musulmans ont entrepris de grand, toutes ces conquêtes [...] qui les ont conduits des frontières de la Chine jusqu'en France ? » (1965, témoignage à J. Lacouture).

Mais autant il se scandalise que tel petit village n'ait pas de mosquée, autant il lutte contre l'emprise de la grande mosquée et laïcise les institutions. Plus encore, il ironise sur certaines traditions dont il moque la sacralisation et, pour le montrer, boit en public, à la télévision, une orangeade à l'heure du ramadan devant les ulémas de Kairouan. Mais, surtout, il se fait le chantre de l'émancipation de la femme tunisienne en lui reconnaissant l'égalité sociale et professionnelle et en approuvant les minijupes « à condition qu'elles ne montrent pas le bazar ».

Il eût suffi de bien moins pour choquer les milieux traditionalistes. Due à un ensemble de données, la réaction est venue plus tard. Le régime du Combattant suprême bénéficiait du capital de sympathie que lui devait la population libérée. Politiquement évoluée, elle se lasse néanmoins d'être tenue à l'écart par un Président paternaliste omniprésent. Dès les années 1980, la mise au pas des syndicats s'accompagne d'émeutes à Tunis et à Gafsa. Devant l'insatisfaction de ceux qui ne bénéficient pas du développement émerge aussi un mouvement islamiste radical qui devient l'Ennaha après son interdiction. Autour de 1986-1989, il est durement réprimé par le ministre de l'Intérieur Ben Ali, bientôt Premier ministre.

Après que Habib Bourguiba, né en 1903, eut été écarté « pour incapacité mentale et physique » en 1989, Ben Ali inaugure un « printemps tunisien » dont les libertés tournent court au nom de la lutte contre la montée de l'intégrisme. L'opposition légale, la Ligue des droits de l'homme, les intellectuels et la presse, sont mis au pas. De sorte que la société la plus émancipée du monde musulman est une de celles où la presse est le plus contrôlée. « Au moins en Algérie où l'on en meurt, la presse est libre » : ce propos tenu en 2001 témoigne de l'exaspération d'une partie des élites tunisiennes.

Toujours au nom de cette lutte, les Tunisiennes sont interdites de tchador* ; car, comme en Iran quelques décennies plus tôt, le retour à l'Islam est pour les jeunes la forme que prend leur protestation, leur résistance à un régime autoritaire dont le Président se voit élu avec 99 % des voix.

Depuis la fin des années 1980, les extrémistes du mouvement de l'Ennaha sont en relation avec le mouvement Tablighi Jamaat créé par Muhammad Ilyas au Pakistan et qui, par les médersas et les établissements scolaires, prêche charité et révolte, réconforte les prisonniers politiques pendant les prières du vendredi, recrute ceux qui sont libérés et partent bientôt comme volontaires pour l'Afghanistan ou dans divers réseaux islamiques en Allemagne et en France.

En Iran chiite, la part du clergé

Des différents pays musulmans que pouvait menacer l'expansion européenne, l'Iran était sans doute le plus protégé. Certes, il avait la Russie comme voisin au nord, et le Caucase constituait un enjeu que se disputaient l'Empire ottoman, l'Iran et la Russie ; mais, jusqu'au régime de la dynastie Qajar (1796-1925), il était moins en contact avec l'Occident que l'Empire ottoman et que les États successeurs de l'Empire moghol. En outre, ayant adhéré au chiisme depuis l'avènement des Séfévides en 1501, il s'isolait peu à peu des parties sunnites de l'Islam.

Cette conversion impliquait la nécessité d'un enseignement religieux renouvelé qui rendît la théologie plus présente en Iran que dans les autres pays musulmans. Et comme, à la différence des Séfévides, la dynastie Qajar ne se considérait pas comme d'origine divine, d'une part, le rôle des ulémas se développa — pour mettre en œuvre la loi musulmane, l'éducation, la charité —, comme d'autre part celui des *mujahidine**, des savants en théologie et en droit qui se jugeaient aussi légitimes que le Chah dont ils contestaient le pouvoir même si celui-ci se dénommait « l'ombre de Dieu ».

Ayant conquis un droit d'interprétation (*Ijtihad*), le clergé différencia nettement le chiisme du sunnisme. Et il devint une force sociale disposant d'une autonomie financière grâce aux terres qui lui furent allouées. Le droit qu'il avait acquis l'amena à s'ouvrir à un corpus de connaissances non islamiques, à le croiser avec les textes politiques et philosophiques traditionnels.

Lorsque, avec les guerres contre les Russes, Abbas Mirzi voulut moderniser l'armée comme y procédait le sultan au même moment, les ulémas y firent obstacle, s'opposant notamment au port des uniformes. Leur radicalisation se manifesta contre toute pénétration de ce qui était étranger, comme en témoigne une crise grave, la rétention de la mission russe de Griboïedov en 1829 qui, venue pour percevoir l'indemnité convenue au traité de Turcomanchei, avait aidé à la libération des femmes retenues dans les harems. Une *fatwa* fut lancée contre la mission qui se trouva encerclée et prise en otage par la foule.

Cet épisode, que reproduit en 1979 l'affaire des otages américains retenus dans leur ambassade, est bien la première action violente contre l'ingérence étrangère menée non par l'État ou le gouvernement mais par le pouvoir religieux.

D'autres mouvements mystiques ou millénaristes, tels les Rabis, se développèrent au XIXe siècle en réaction contre les effets de la pénétration économique des étrangers, les Anglais surtout, ou contre les effets de la modernisation technique qui s'ensuivait, néfastes — comme ailleurs dans la vieille Europe — pour les artisans, notamment ceux des tapis. La dislocation de la texture sociale due à ce qui, pour ce pays, était le début de la mondialisation rend compte de révoltes qui atteignent leur paroxysme lorsque le Chah, qui en tire des ressources, ouvre le commerce du tabac aux Britanniques (1892). En sous-main, les Russes soutiennent un mouvement qu'anime al-Afghani, appelant les chiites à la déposition du Chah. Un de ses disciples tire sur celui-ci en

1896, nouvel épisode de l'action des forces religieuses les plus radicales contre la pénétration étrangère.

Dans leur protestation, elles furent bientôt rejointes par le prolétariat né de l'industrialisation du textile puis de l'exploitation du pétrole à Tabriz en Azerbaïdjan (1905-1907). Invisible aux yeux des Européens, invisible parce que incompréhensible selon leurs normes, une alliance objective se noue en Iran entre le clergé radical, les intellectuels et un mouvement social. Elle se noua de nouveau en 1951 puis en 1979.

En Iran, l'émulation d'Atatürk fut l'œuvre du très autoritaire Reza Chah Pahlavi à partir de 1925 : réforme de l'armée avec service militaire obligatoire, construction de chemins de fer, création d'une administration à l'occidentale, nouveau code civil, réduction du rôle des ulémas dans les affaires commerciales, autant de mesures qui encouragèrent le développement capitaliste, renforcèrent la propriété privée, favorisèrent la modernisation de l'agriculture. La réforme du système éducatif, sur le modèle français, aboutit à une laïcisation de l'enseignement. Surtout, des mesures autoritaires imposèrent l'émancipation vestimentaire des femmes, sinon une véritable extension de leurs droits, hormis la suppression de la polygamie ; aux hommes furent interdits le fez et le turban, le choix étant laissé entre la casquette kémaliste et le feutre à l'européenne (1925-1941).

L'Iran fut ainsi le premier État musulman à interdire le voile, avant la Turquie kémaliste et dès 1936. Mais, comme ultérieurement, entre 1967 et 1975, lorsque le consentement de la première femme fut jugé nécessaire pour que l'époux en prenne une seconde, que le divorce ne put être décidé que par un tribunal, ces mesures en faveur des femmes, parce que prises dans un climat défavorable au régime, eurent un effet pervers. Même chez les femmes, elles se retournèrent ensuite contre ceux qui les avaient promulguées, Reza Chah et Mohammed Reza Chah.

Dans tous les domaines, celui-ci entreprit sans ménagement la modernisation du pays. Les anathèmes lancés par les mollahs chiites n'y changèrent rien. Mais cette modernisation fut ressentie comme une « westoxisation » (Gharbzadegi) contre laquelle allaient bientôt réagir les mollahs. Ils s'associèrent bientôt à Mossadegh afin que la rente pétrolière revienne enfin à l'Iran.

La tentation du communisme : l'Islam révolutionnaire

L'Islam était-il compatible avec l'expérience des Soviets ? La plupart des conservateurs musulmans jugeaient, bien sûr, que non : cette nouvelle forme d'irréligion venue d'Occident devait d'autant plus être combattue que les socialistes eux-mêmes, toutes tendances confondues, considéraient que l'Islam, comme les autres religions révélées, devait disparaître, soit par la marche de l'Histoire, soit, s'il le fallait, en la précipitant. Les campagnes antireligieuses du pouvoir bolchevik, après que l'Église orthodoxe lui eut jeté l'anathème, les confirmèrent dans cette opinion.

Mais les musulmans de l'ancien Empire jugeaient également que les monarchistes, les Blancs, étaient encore moins disposés que les Rouges à satisfaire leurs revendications de caractère national. En outre, certains intellectuels des Tatars de la Volga jugeaient qu'il y avait des similitudes entre l'Islam et le communisme pour autant qu'héritiers du courant réformiste ils estimaient que le conservatisme religieux et social des mollahs et des ulémas devait être combattu pour régénérer la société musulmane. Ils rappelaient que la lutte contre le fanatisme et l'obscurantisme émanait de l'Islam lui-même de sorte que la laïcisation ne leur apparaissait pas comme une action antireligieuse, seulement anticléricale.

Entre réforme, nation et révolution

Ce fut la défaite russe devant le Japon qui joua le rôle de détonateur. Jusqu'alors en effet, en Crimée comme à Boukhara, les mouvements réformateurs manquaient quelque peu d'assurance. L'hostilité au monde occidental, à la chrétienté, prit dès lors une autre dimension chez les peuples dominés, colonisés ; le conflit fut d'abord interprété en termes religieux tant était grande la confusion entre l'ordre politique et l'ordre divin, tant aussi le lien religieux était le seul à réunir des populations différentes.

L'effondrement de la puissance blanche fut ressentie comme une revanche depuis l'Inde jusqu'à Madagascar, mais c'est évidemment dans l'Empire russe qu'il eut d'autant plus d'écho qu'il fut suivi par une révolution. Il fut l'occasion d'un vif réveil, d'abord du monde tatar et turc, puis des autres parties de l'Islam. Mais là où il se produisit en premier lieu, dans l'Empire des tsars, le mouvement prit plusieurs directions.

La première fut l'organisation, par Abdurrachid Ibrahimov, cadi à l'assemblée spirituelle d'Orenbourg, en coordination avec Gasprinski, d'une Union de tous les musulmans de Russie, l'*Ittifak*. Elle demandait l'établissement d'un régime démocratique, avec l'égalité de droits politiques et la liberté de la presse. La réunion de ses congrès, interdite, s'était opérée au prétexte d'un banquet à l'exemple de la campagne de 1848 en France. Puis, acceptée par Witte, elle ouvrit la voie à une participation de l'*Ittifak* aux élections de la Douma. L'Union se divisa sur le principe de la reconnaissance de la monarchie constitutionnelle, sur l'attribution de terres aux paysans pauvres, etc. Elle était devenue un parti, défini comme « bourgeois » et modéré, allié des KD (constitutionnels-démocrates russes). Son comité central de quinze membres comprenait onze Tatars de Kazan.

Il n'était plus question de la réforme de l'Islam.

Par contre, l'*Ittifak* revendiquait l'autonomie nationale culturelle extraterritoriale, inspirée des idées des socialistes autrichiens Renner et Bauer, qui permettait à des groupements allogènes isolés de ne pas être exclus d'un mode de représentation par régions, et demandait l'indépendance nationale territoriale pour les Kirghiz, le Turkestan, l'Azerbaïdjan et le Caucase du Nord.

Il n'était pas question non plus de la réforme de l'Islam dans le mouvement islamiste, forme la plus extrême du réformisme (gadidisme). Ce mouvement se voulait socialiste, mais ses attaches avec la social-démocratie demeuraient assez floues, c'est le nationalisme tatar ou turc qui l'animait avec le plus de force, la réaction tsariste des années 1906-1917 accentuant sa radicalité.

Ces mouvements concernaient essentiellement les territoires russo-tatars traditionnels de la Crimée. Au Turkestan, la bourgeoisie locale avait des rapports de caractère féodal avec la paysannerie en vivant de l'exploitation du coton vendu aux industriels de Russie. Liée aux ulémas, elle avait des aspirations culturelles et elle était conservatrice. Son intérêt lui commandait de ne pas sortir le Turkestan de l'État russe. L'intelligentsia, au contraire, préconisait la constitution d'un État panturc révolutionnaire regroupant les populations musulmanes de l'Empire russe et de l'Empire ottoman.

Ainsi le mouvement musulman était-il divisé : conservateurs, réformistes, unitaires, panrusses, panturcs, régionalistes. En 1915, une caricature du journal *Mazali*, « les soldats de l'Islam », illustre ces divisions : les vendeurs de neuf journaux musulmans s'entre-tuent pour déterminer quel est leur ennemi commun.

Mais, avec la guerre qui s'étend, la tension croît entre les Russes et la population musulmane peu disposée à participer à des opérations contre les « frères turcs » de l'Empire ottoman. C'est en Turkestan qu'un ordre de mobilisation déclencha une révolte des nomades, déjà en partie dessaisis de leurs terres par les progrès de la colonisation russe. À Samarcande, 83 Russes furent tués, 70 pris en otage. Ce massacre fut suivi par un appel au *gazovot*, la guerre sainte. Une proclamation qu'on n'avait pas entendue depuis longtemps.

Lorsqu'une nouvelle révolution éclate en Russie en février 1917, le chaud et le froid des crises aggrave les dissensions qui existaient au sein de l'Islam russe. Ce gauchissement de l'opinion aboutit au désaveu de « la guerre à outrance jusqu'à la conquête de Constantinople » ; et aux assises de Moscou, tenues en mai, où affluèrent 900 délégués, le présidium de douze personnes comptait seulement six Tatars, mais un Turc, un Ossète, un Sarte, un Kirghiz, un Bachkir. Une femme tatare y entrait, Selima Jakoubova, la première femme qui présidât un congrès « national » dans l'histoire de l'Islam contemporain.

(6) Islam et condition féminine. Dessin de Kh. Kassoulov.
— Depuis quand te détournes-tu du Livre sacré (le Coran) ?
— Depuis que j'ai commencé à lire ce livre (Lénine).
Krokodil, *déc. 1972.*

Cette greffe de l'idée révolutionnaire sur le monde musulman est liée à la pénétration des idées socialistes dans le monde. Celle-ci, montre A. Bennigsen, ne se réalise que si certaines conditions sont réunies, et en premier lieu l'existence d'une tradition nationale institutionnalisée à une quelconque époque sous la forme d'un État. Autre condition, la présence d'une élite qui, tactiquement, adopte des idéologies différentes mais demeure fondamentalement nationaliste : chez les Tatars, par exemple, elle passe du démocratisme *jadid* au socialisme national, au national-communisme, puis au nationalisme le plus pur. Il y a ainsi amalgame entre luttes sociales et conflits ethniques lorsque, par exemple à Bakou en 1905, les ouvriers musulmans ont à combattre les patrons géorgiens, russes ou arméniens.

Autre condition : l'existence d'une forme combattante qui n'est pas nécessairement un prolétariat et qui peut hériter, par exemple, de la tradition guerrière haïdouk dans le Caucase, des soulèvements nomades plus à l'est et au sud comme en 1916, de l'héritage combattant des *tariqa* soufis, etc. Pénétrant par des chenaux indigènes, non européens, ces idées révolutionnaires ne s'enracinent que pour autant que le lien est constant entre lutte nationale et lutte sociale — d'où la diffusion privilégiée des idées de Kautsky et de Bauer — et que l'adhésion se présente comme un apprentissage du travail clandestin, une technique destinée, pour l'élite, à établir un lien avec le grand nombre, un moyen enfin de pouvoir éventuellement en appeler au monde extérieur. Plus que leurs idées ou le contenu de leurs programmes, ce sont les méthodes de lutte, les principes d'organisation des socialistes — marxistes ou non — qui intéressent les musulmans. On retrouve en partie ces dispositions dans le parti de Messali Hadj puis dans le FLN en Algérie (B. Stora et M. Harbi).

En outre, que dans les mouvements musulmans qui se créaient à l'aube du XXe siècle ait existé une identification nationale plus forte que l'identification sociale ne fait aucun doute. À Bakou, les prolétaires de toutes les nations du Caucase s'entre-tuèrent de 1918 à 1923 avec autant de foi et de détermination que les prolétaires d'Europe occidentale pendant la Grande Guerre.

À la veille de la révolution de 1917, les révolutionnaires russes avaient dû accepter la formation de quelques organisations social-démocrates ou socialistes-révolutionnaires dont la création émanait d'instances nationales ou religieuses, tel le Hummet, une sorte de Bund musulman. Hors de Russie, par exemple en Iran comme le montre C. Chaqueri, les drapeaux de l'Islam et du socialisme se confondaient souvent, les élites appartenant aussi bien à la petite bourgeoisie qu'au clergé chiite. Lorsque éclate la révolution de 1917, celle-ci, vue des confins musulmans de Russie, est perçue comme une désintégration de l'ancien Empire plus que sous l'aspect d'une révolution socialiste. Les nations du pourtour vont-elles pouvoir saisir la chance de se libérer ?

Ainsi, à l'intérieur du monde musulman de Russie, les thèses nationalistes des fédéralistes ouzbeks, bachkirs, ossètes, etc., l'emportèrent sur celles des Tatars centralistes, et des mollahs dont on croit ne plus avoir besoin. Lorsqu'il apparut que la révolution d'Octobre, loin d'apporter le droit à l'autodétermination annoncé, précipitait au contraire le mouvement d'exclusion des musulmans des instances dirigeantes des soviets de députés, les musulmans rejetés, en tant que nationalistes ou musulmans, au cri de « réaction », hésitèrent entre plusieurs attitudes : car, entre Blancs et Rouges, il fallut bien choisir. Comme il n'y avait rien à espérer des Blancs ou des Anglais sinon un retour de l'ordre ancien, force fut de se mettre du côté des Rouges, mais en renforçant les organisations indigènes autonomes, telles l'association Hummet ou celle des Adalat en Azerbaïdjan.

Comme en avait témoigné le cas de l'Iran en 1907, les organisations social-démocrates n'avaient considéré les musulmans qu'avec une condescendance un peu distraite jusqu'en 1918. Tout changea lorsque l'extension de la révolution à l'Orient devint une des priorités du régime bolchevik. Sous les signatures de Lénine et de Staline, un appel fut lancé aux musulmans de Russie et d'ailleurs : « Tatars de la Volga et de Crimée, Kirghiz et Sartes de Sibérie et du Turkestan, Turcs et Tatars de Transcaucasie, Tchétchènes et autres peuples des montagnes du Caucase, tous ceux dont les mosquées et lieux de prière ont été détruits, dont les croyances et les coutumes ont été violentées par les tsars russes : vos croyances et vos usages, vos institutions nationales et culturelles sont désormais libres, inviolées. Organisez-vous, c'est votre droit [...], mettez-vous sous la puissante protection de la révolution et de ses organes, les soviets des ouvriers, soldats et paysans. »

Cette offre de liberté sous protection — dont après coup on connaît les tragiques modalités —, une bonne partie des organisations musulmanes la saisit au bond. Mais, pour autant que les social-démocrates n'avaient pas d'organisations greffées en terre d'Islam (sauf à Vladicaucase, Bakou, Kazan), les dirigeants bolcheviks essayèrent de les contrôler par en haut, en proposant au président de l'assemblée constituante musulmane ou *modzhikilis* de présider le Commissariat créé pour les affaires musulmanes. Sur un refus de cette assemblée d'être ainsi intégrée dans un dispositif russo-soviétique, les bolcheviks n'en poursuivirent pas moins leur projet en s'appuyant sur les musulmans traditionalistes de Vaisov et en nommant deux Tatars et un Bachkir à un comité greffé sur le Commissariat. Ceux-ci élaborèrent un projet de République tatare-bachkire, « foyer dont les étincelles embraseront le reste de l'Orient ». « Vous nous ouvrez les portes de la Perse et de l'Inde, de l'Afghanistan et de la Chine », répondit Staline.

Mais, coincés par les Blancs et les Tchèques, les forces proprement musulmanes de ce comité disparurent, et fut constituée une République bachkire dissociée des Tatars, prix de leur ralliement à Moscou. Mais la résistance des colons russes à cette création fit qu'elle demeura dans les tiroirs et que, par un décret de 1920, le Mus-Kom lui soustrayait la plupart de ses compétences. Une répression terrible l'accompagna. Mais, pour n'avoir pas à en délibérer, le gouvernement de Moscou perpétua la fiction d'une Bachkirie autonome, avec cette particularité qu'aucun Bachkir ne figurait dans son gouvernement.

En Crimée, victimes des excès des marins de Sébastopol, les Tatars de la mouvance du Milli Furka n'eurent droit qu'à un seul représentant au gouvernement de la presqu'île face à douze bolcheviks et huit socialistes révolutionnaires de gauche, tous russes.

Les Tatars de la Volga avaient participé à la réduction de la République bachkire. Ils visaient, une fois terminée la guerre civile, des objectifs plus vastes allant au-delà de la création d'une simple république autonome. Leur panislamisme, instruit par l'échec des Bachkirs qu'ils n'avaient pas réussi à dominer, les convainquit qu'il fallait créer une république qui serait peuplée exclusivement de Tatars musulmans, sans la ville de

Kazan ni les campagnes peuplées de colons russes. Lénine refusa. Un processus de décomposition des droits de la République suivit qui allait susciter la révolte du sultan Galiev, chantre d'une révolution mondiale animée par les musulmans de Russie, que les bolcheviks russes sacrifiaient aux exigences des colons.

Un scénario similaire se déroule avec les Kazakhs-Kirghiz dont l'instance politique, l'Alash-Orda, était passée des Blancs aux Rouges et qui se soumit d'autant plus qu'une immense famine frappa la steppe entre 1925 et 1929. Inversement, le Turkestan résista à la soviétisation présentée comme un substitut de l'autonomie ou de l'indépendance que souhaitaient des populations qui, jusqu'alors, se sentaient essentiellement musulmanes. Désormais, elles se voulaient aussi bien kirghizes, tatares, ouzbeks, etc. Cette résistance du Turkestan, stigmatisée par Moscou comme contre-révolutionnaire, se traduisit par la réduction du gouvernement de Kokand dont le quartier musulman fut transformé en cimetière, puis par de durs combats pour Boukhara, enfin et surtout par une révolte généralisée des populations de la steppe, ces « opprimés » ou ces « bandits » dénommés « Basmachis » dont le soulèvement contraria les « plans historiques » de Lénine concernant l'Orient.

Ainsi, un peu partout, pour autant qu'elles avaient cédé à la tentation du bolchevisme, les populations musulmanes avaient été cruellement déçues ou jouées. La tentation du communisme n'en déborda pas moins les cadres turco-tatars de l'ancien Empire russe.

Le premier, Enver Pacha, connut la fascination du bolchevisme et, en 1919, après une entente avec Karl Radek — dans sa lutte contre Atatürk, il a soviétisé l'Anatolie —, il lui écrivit :

« Voici ma position dans les grandes lignes :

1. Libérer les nations musulmanes.

2. Étant donné que le capitalisme impérialiste est notre ennemi commun, collaborer avec les socialistes.

3. Adhérer au socialisme, à condition de l'adapter aux doctrines religieuses qui régissent le fonctionnement interne des pays musulmans.

4. Pour la libération de l'Islam, employer tous les moyens possibles de pression, y compris la révolution.

5. En cette matière, collaborer aussi avec les nations asservies non musulmanes.

6. Permettre, à l'intérieur de la communauté islamique, l'essor de toutes les couches sociales. »

Ainsi, au-delà de l'alliance tactique, il y a chez Enver Pacha un projet révolutionnaire. Les similitudes entre le programme communiste et les projets musulmans sont aussi perçues par Rashid Rida qui, au Caire, salue avec ferveur le régime soviétique naissant. Mais, comme chez d'autres musulmans devenus marxistes, la référence porte sur l'Islam primitif, égalitaire et social, communiste dans l'esprit, dans l'esprit seulement. De fait, le projet et l'alliance n'aboutissent pas, les bolcheviks jugeant qu'Enver Pacha n'est pas plus fiable que les social-démocrates allemands car, comme eux en 1914, « il avait conduit à la tuerie les ouvriers et les paysans [turcs] dans l'intérêt d'un groupe impérialiste ».

Après le Congrès des peuples de l'Orient tenu à Bakou auquel il participe, il crée une Union des sociétés révolutionnaires islamiques. Il veut se placer à la gauche de Mustafa Kemal, autrefois sous ses ordres, et qu'il imagine vaincu dans sa lutte contre les Grecs. Circonspect devant cet ancien va-t-en-guerre des années 1914-1918, chef des armées et gendre du sultan, Zinoviev, président du Komintern, lui mesure les aides et l'abandonne dès que Mustafa Kemal, contre tout pronostic, l'emporte sur les Grecs à la bataille de Sakarya. Enver Pacha rejoint alors les déçus du communisme, tant le Bachkir Zeki Velidi Togan que les Basmachis du Turkestan dont il entend élargir les horizons en se faisant le chantre du panturkisme, le Grand Touran. Il est tué au combat dans une charge « sabre au clair » (1922).

Tandis qu'avec la fin du sultan Galiev devait survivre encore quelque projet pantouranien ou panislamique lié au communisme, que les populations de la Volga, de l'Oural et du Turkestan, épuisées, participaient aux aménagements politiques territoriaux conçus par Staline, le reste du monde musulman observait que seul Mustafa Kemal avait gagné le pari d'une victoire sur les Grecs, « agents de l'impérialisme », et réussi à abolir le traité de Sèvres entièrement révisé à Lausanne (1923).

L'identification du projet islamique au projet communiste était un leurre. Seul, par la glorification de l'État-nation, le kémalisme avait rendu l'honneur aux pays d'Islam humiliés.

L'impérialisme soviétique contre l'Islam révolutionnaire

Ce qui avait aidé au ralliement d'un certain nombre de musulmans aux Rouges, ce fut la politique appropriée de Staline qui, dès le début des années 1920, sut introduire un grand nombre de leaders nationaux dans les différentes instances de l'État soviétique, créant, par exemple, au sein du Commissariat aux nationalités, un Mus-Kom (Comité musulman) dont l'existence, en soi, avait valeur symbolique. Ainsi, la victoire du bolchevisme et celle de l'Islam se trouvaient associées au point que, dans l'esprit de certains leaders religieux, tel Musa Jazullah Bigi, l'Islam pourrait mieux pénétrer le reste de l'Asie sous le couvert du bolchevisme dont l'idéal d'égalité n'était pas en contradiction avec le dogme. En outre, depuis le Congrès des peuples de l'Orient à Bakou, en 1920, l'idée d'une révolution mondiale animée non plus par le prolétariat allemand ou français mais par l'Orient prenait quelque consistance. L'adhésion aux idées socialistes, révolutionnaires changeait ainsi d'enveloppe ; le succès de la révolution se confondait avec la défaite de l'impérialisme. On était vraiment loin de la lutte des classes. On était loin de l'Islam aussi.

L'impossibilité pour un État socialiste de devenir impérialiste fait partie du dogme et de la loi du marxisme. « Malheureusement, écrivait naguère Maxime Rodinson, il n'y a pas de preuves. » À défaut de preuves, les nations musulmanes de Russie et du pourtour acquirent la certitude que cette croyance était un mythe, que jamais elles n'obtiendraient une réelle autonomie, encore moins l'indépendance.

La constitution de l'URSS et la politique stalinienne ne répondant plus, après la victoire sur les Blancs, aux aspirations d'une bonne partie des marxistes nationalistes musulmans, l'idée d'un communisme national fit son chemin parmi eux, trouvant en Sultan Galiev, un Tatar, le théoricien qui l'armait d'un concept nouveau, opératoire, celui de « nation prolétaire ». Se défaire de la nation-oppresseur devenait dans sa stratégie l'objectif prioritaire, la lutte des classes à l'intérieur des pays colonisés ou soumis se trouvant reléguée à une deuxième étape de la révolution sociale mondiale. Ce nouveau principe de division internationale de la lutte des classes antirusse allait très directement contre la stratégie du Komintern.

Il ne s'agissait pas de contribuer au succès de la révolution européenne en affaiblissant l'impérialisme anglais ou français, mais bien de considérer que, deux fois opprimés par le capital et par la nation dominatrice, les pays coloniaux ou dépendants étaient nécessairement plus révolutionnaires que l'Europe dont le prolétariat exploité par le capital n'en exploitait pas moins lui-même les travailleurs et les « nations prolétaires » du monde entier. Ainsi, adaptant à la « nation prolétaire » la thèse de Lénine sur « le maillon le plus faible », que celui-ci appliquait au prolétariat russe, les communistes nationaux montraient que, une fois l'impérialisme étendu à la planète, le maillon le plus faible n'était plus le prolétariat européen, mais les nations de l'Orient prolétaire.

La suppression de l'inégalité entre les nations prenait le pas sur la suppression de l'inégalité à l'intérieur des nations. Créer une sorte d'Internationale coloniale indépendante du Komintern, sinon opposée à lui, tel est le projet qui prend forme au début des années 1920 et dont la Tricontinentale fut, ultérieurement, l'ébauche.

La première source de l'Islam révolutionnaire naissait ainsi dans les sphères soviétiques du communisme national où la balkanisation de l'ancien Turkestan fournit la preuve manifeste que le pouvoir de Moscou était capable de toutes les innovations théoriques susceptibles de « casser » le mouvement pour l'institution d'une nation touranienne unifiée qui eût regroupé, dans un

État associé, indépendant de la Russie soviétique, la plus grande majorité des Turcs de l'ancien Empire. La formation, au même moment, de la république de Ghilan aux confins du Caucase turc et persan, hors des frontières de l'URSS par conséquent et qui, après coup, apparaît comme la première République satellite créée par Staline, montra que la formule du socialisme dans un seul pays s'adaptait à tous les changements de politique. Car, après avoir aidé à sa formation, le gouvernement de Moscou contribua à sa destruction pour complaire à Resa Khan, futur Reza Chah, obstacle plus consistant à la pénétration anglaise que cette « République sœur ». Le Komintern le félicitait en 1923 de son orientation « progressiste (*sic*) et anti-impérialiste ». Ainsi, l'alliance « honteuse » de Staline avec les ennemis du communisme n'est pas née à Canton en 1927 mais bien au carrefour du Caucase et quatre ans plus tôt.

Pour les « nations prolétaires », il était clair qu'il ne fallait rien attendre ni de la Troisième Internationale ni, pour les musulmans de l'intérieur de l'URSS, du pouvoir de Moscou. Au reste, dans le pays même, les chantres du communisme national furent, l'un après l'autre, exterminés ou disparurent. En 1928, Staline l'avait définitivement emporté à l'intérieur où sa politique d'assimilation soviétique fut bon gré mal gré acceptée, notamment grâce au ralliement d'un certain nombre de leaders nationaux intégrés à l'appareil d'État.

La semence du « communisme national », tout comme celle des « nations prolétaires », survivait néanmoins et essaimait dans le Tiers-Monde. Tan Malaka en Indonésie, Roy aux Indes, avant Lin Piao en Chine, reprirent ces idées en les vidant de leur ancienne appartenance musulmane. Ces idées retrouvèrent cette appartenance avec

Ben Bella et Boumediene qui connurent les thèses de Sultan Galiev reprises ensuite par le colonel Kadhafi. Cette fois, l'Islam révolutionnaire tendait à se confondre avec le destin de la nation arabe.

Parallèlement, une deuxième source, non arabe, s'essayait à sourdre, elle provenait précisément des versants du Caucase et de l'Iran. Elle réalisait le présage de Trojanovski. Cependant, dès les années 1920, un autre foyer de conflits apparaissait, lié à la nature et aux frontières des États telles que les avaient fixées Anglais et Russes d'abord, Soviétiques ensuite, aux confins de l'ancien Turkestan, de l'Afghanistan et de l'Inde. Il a explosé deux fois, en 1979 et en 2001.

C'est pour prévenir la création simultanée d'une identité musulmane, cette « nation prolétaire » et celle d'une internationale coloniale, communiste, certes, mais opposée à l'URSS, que Staline avait éliminé et fait condamner Sultan Galiev entre 1923 et 1929 en pleine campagne athéiste. Le même objectif rend compte, aux mêmes dates, du découpage territorial de l'ancien Turkestan en plusieurs républiques. Elles sont formées suivant des principes élaborés par Staline en 1912, repris après le succès de la révolution et qui était partagés par Lénine. L'identité des républiques ainsi créées et le découpage géographique qui en découlait devaient s'adapter aux nécessités du moment. Or fonder à l'intérieur de l'URSS des États-nations, même dépourvus de souveraineté, en s'appuyant sur des critères ethniques et linguistiques ne revenait pas seulement à rejeter un aspect de l'identité commune à ces populations — l'appartenance à l'Islam — mais à manifester également une ignorance de leurs autres traits spécifiques qui ne correspondaient pas à ces critères, telles les solidarités, les factions, les communautés, etc.

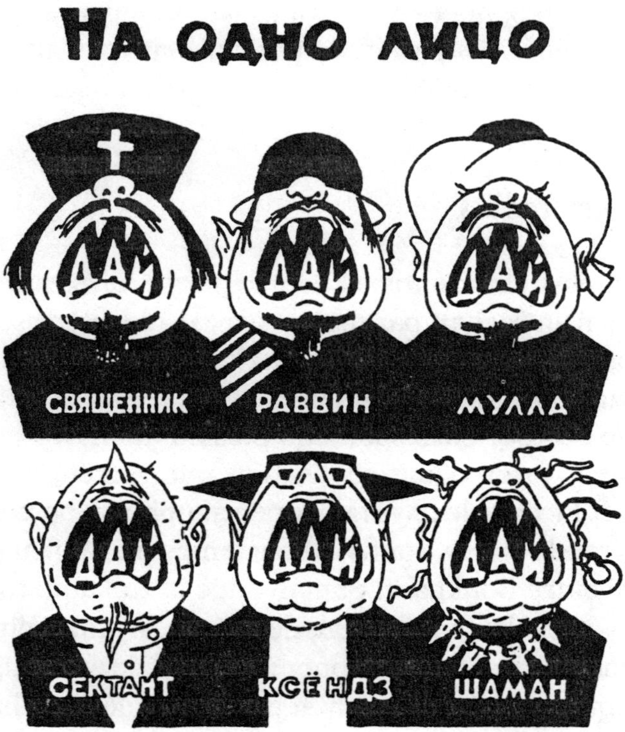

(7) *Une ressemblance frappante. Le pope, le rabbin, le mollah, le sectateur, le prêtre, le chaman. Les dents du bas forment le mot :* « daï » *(donne). Dessin de B. Chirokorad, 1963.*

Les convictions idéologiques des leaders communistes leur faisaient ignorer la représentation que ces populations avaient de leur identité, et leur attribuer des frontières pour les séparer ou les différencier participait de la politique coloniale la plus aveugle. S'agissant du Turkestan par exemple, Lénine s'adressait en décembre 1917 à des populations « sartes et kirghizes ». Or ces Kirghiz étaient des Kazakhs, et personne ne se reconnaissait comme « Sarte », une dénomination réservée par le monde occidental et l'administration russe aux sédentaires des oasis, tant

Ouzbeks turcophones que Tadjiks persanophones. À l'époque, d'ailleurs, on parlait de populations « tchagatai* », c'est-à-dire parlant un turc mâtiné de vieil ouzbek.

Le cas des Tadjiks

La posture scientiste adoptée par les dirigeants bolcheviks n'en cachait pas moins des calculs intéressés. En témoigne le cas des Tadjiks, aux confins de l'Iran et de l'Afghanistan, mais présents de chaque côté de la frontière de l'URSS. Correspondant plus ou moins à l'antique Sogdiane, foyer d'une civilisation que sécrétèrent Avicenne et Firdusi, le pays tadjik persanophone, berceau de deux grands ordres soufis, a longtemps été l'enjeu d'une rivalité entre Boukhara, Samarcande et Kokand, tout en restant sous la domination des Ouzbeks turcophones. Devenue simple région autonome au sein de la république soviétique d'Ouzbékistan avec pour capitale Douchanbe, il se voit soustraire ses cités cultes — Boukhara, Kokand, Samarcande —, temples de la culture persane, attribuées à l'Ouzbékistan.

Furent-ils les victimes et les perdants de ce découpage parce qu'ils avaient été les derniers des Basmachis, ces autres paysans insurgés contre le pouvoir soviétique, ouzbeks et tadjiks à l'origine ? Ils furent ensuite légitimés et dirigés par l'ancien ministre de la Guerre et général turc Enver Pacha qui, à son tour, d'abord allié des bolcheviks, se retourna contre eux afin de constituer un grand État panturc en Asie centrale. Sa mort en 1922 à la tête des Basmachis ne mit pas fin à une insurrection aux traits fortement islamistes qui dura encore quelques années. Les derniers Basmachis tadjiks se réfugièrent en Afghanistan. Sur le terrain, en 1996, Olivier Roy a relevé que la mémoire de ces événements restait très vive à ces confins peuplés de Tadjiks des deux côtés de l'ancienne frontière soviéto-afghane. Souvent de vieux paysans datent leur installation actuelle d'« après la guerre » (*pas az jang*), cette guerre qui n'est pas la Seconde Guerre mondiale mais celle des Basmachis. Les lieux de bataille sont les mêmes que ceux qui apparaissent aujourd'hui, comme s'ils annonçaient les opérations menées par l'opposition tadjik au gouvernement de Kaboul en 1997, ces bastions islamistes de Tahvil Dara, de la rivière Pandja, etc. Le signe de ces combats peut aussi bien changer, des islamistes peuvent en effet s'allier à des communistes, la configuration des solidarités locales ne correspondant pas seulement aux appartenances idéologiques. Nous avons observé le même phénomène en 1998 en Oranie, où les zones d'insécurité étaient les mêmes qu'en 1955-1956 — comme si elles se constituaient en lieux de mémoire. Ou bien est-ce le localisme qui l'emporte.

Depuis plusieurs décennies, ce dispositif s'encadrait dans un autre plus large et bien identifié, la « descente » russe vers l'Inde par l'Afghanistan, entreprise dès les années 1880, plus ou moins bloquée par les Anglais et avec laquelle renoue, par d'autres procédures, l'invasion de 1979. Dès le début du siècle, le journal afghan *Sirâdj Al-Akhbar* stigmatisait « le torrent russe dévastateur [...], torrent d'eau sale qui jette au vent religion et loi et retire au pays le droit, la liberté [...]. Pourtant, si l'Afghanistan fait l'objet de convoitises, il est peu probable qu'il soit absorbé un jour par la Russie, car s'il est facile d'y entrer, il est difficile de s'y établir, ou même d'en sortir sain et sauf » (1911).

Or, au lendemain de la révolte basmatchi en 1929, les tribus pachtounes d'Afghanistan renversent le roi

Amân Allah qui entendait moderniser l'Islam et la société. Le dévoilement des femmes, son conflit avec les ulémas qui en appellent au djihad, contraignent le souverain à l'exil. Il est remplacé par le Tadjik Habib Allah qui instaure un régime fondamentaliste.

Voilà, pour Moscou, dont la puissance s'est consolidée dans l'ancien Turkestan, l'occasion de reconsidérer les problèmes des Tadjiks. Ceux-ci n'avaient cessé de critiquer le découpage à la hache des territoires de l'ancien Turkestan. Privés de leurs illustres cités, ils eurent d'abord à prouver leur identité, ce qu'ils firent, grâce à l'action de leurs instituteurs, en modernisant leur langue qu'ils revalorisèrent en la dissociant de l'ouzbek et en substituant des caractères latins aux caractères arabes. « La latinisation s'inscrivit aussi dans un projet d'affirmation nationale » (Jahangiri). Staline soutint le mouvement pour affaiblir les Ouzbeks et pour autant que, sans leurs cités, les Tadjiks représentaient les populations rurales les plus pauvres.

Surtout, faire du Tadjikistan une république à part entière, et non plus seulement une région autonome, devait ouvrir de vastes horizons : cette promotion fut la réponse à la chute d'Amân Allah, un allié. Pour que la République dispose d'une assise plus large, Moscou lui octroya la partie orientale du Gorno-Badakhchan — le toit du Pamir — qui, en vérité, était peuplée de Kirghiz et aurait dû demeurer attachée à cette autre entité politique. C'est en effet au nom de l'identité persane du Tadjikistan que la création de cet État avait été valorisée, légitimée, en l'opposant à l'appartenance des autres républiques autonomes au monde turc.

La conception soviétique de l'histoire des Tadjiks faisait de ce territoire le foyer de la civilisation perse tout entière. Un jeune historien, Bobozdhan G. Gafurov, au demeurant premier secrétaire du parti communiste tadjik, rappelait que le héros, qui avait chassé Alexandre le Grand de ces régions vingt-trois siècles plus tôt, était un Tadjik, et que les Tadjiks avaient été les premiers à faire face à l'invasion mongole. Patrie du grand poète Firdusi, le Tadjikistan aiderait les Perses à retrouver leur identité et leur culture subverties par le régime réactionnaire de Téhéran. Moscou fit d'un révolutionnaire persan contemporain, Abukasim Lakhuti, le poète national du Tadjikistan, lui qui, dans ses écrits, prophétisait que l'Iran ne serait bientôt plus souillé, deviendrait libre, « une terre soviétique ». Cette souillure était, bien entendu, la concession pétrolière de l'Anglo-Iranian Company que le Chah avait consentie au début du siècle.

Terre d'ancrage de la Perse régénérée, le Tadjikistan devait aussi servir de point d'appui à la reprise de l'influence russe en Afghanistan. Vieille histoire dont l'ultime retombée se produisit en 1979 tant cette idée de greffer l'Afghanistan sur l'Empire russe puis soviétique était demeurée vivante du fait même de l'ingérence de ce pays dans la guerre civile soviétique puisqu'il servit de base aux Basmachis dont les chefs s'y réfugièrent. Dans l'*Encyclopédie* soviétique, il était écrit que les peuples de ce pays était des Tadjiks, des Ouzbeks, des Turkmènes, tous et chacun constituant de vraies nations en URSS. Le nombre des Tadjiks était évalué à deux ou trois millions, composant 24 % de la province d'Hérat, 48 % de celle de Kaboul, etc., pourcentages excessifs... Les ethno-historiens soviétiques rappelaient qu'au XVIIIe siècle les tribus afghanes d'Ahmad Khan détachèrent le sud de Khanat de Boukhara, les Tadjiks y perdant la région de Bakh, ce qui avait démantelé l'Afghanistan — qui au demeurant était multinational ou multiethnique. Ces rappels historiques devaient aider à une éventuelle récupération d'une partie de l'Afghanistan et au moins à prévenir toute nouvelle intervention de Kaboul dans les affaires de l'ancien Turkestan.

En créant la république autonome du Tadjikistan en 1925, Staline avait envoyé ce message à ses dirigeants : « Salut au Tadjikistan, à la nouvelle république des travailleurs aux portes de l'Hindoustan [...] qu'elle serve de modèle et d'exemple aux peuples de l'Orient. » Cette orientation perdit de son sens et de sa portée lorsque l'Inde devint indépendante en 1947 et que s'en détacha le Pakistan ; ce qui, à l'heure de gloire de l'URSS triomphante, n'empêche pas le prix Staline de 1948, Tursun Zade, d'inviter les Indiens à se joindre au Tadjikistan... dont la capitale Douchanbe-Stalinabad était passée de 5 000 à 82 000 habitants en moins de vingt ans.

Ces projets expansionnistes et grandioses — vers l'Iran, l'Afghanistan, l'Inde même — se heurtèrent à la réalité de la situation en Tadjikistan, aux mentalités des populations. Les dirigeants locaux, mal initiés à la vision stratégique du Chef suprême, bandèrent leurs énergies, certes, mais pour atteindre des objectifs plus familiers, plus accessibles et plus populaires : chasser les Russes, constituer un grand Tadjikistan, mais aux dépens de l'Ouzbékistan voisin.

En tout cas, ce qui n'avait pas abouti en 1931-1933 prit une dimension nouvelle en 1979 avec l'invasion de l'Afghanistan.

La tentation nationaliste

Premier grand souffle qui a balayé le monde de l'Islam, la résurrection de la nation arabe incarnée par l'Égypte de Nasser date du défi qu'il a lancé à l'impérialisme lors de la crise de Suez. Sans doute cette régénération avait-elle commencé à s'exprimer dès la fin du XIXe siècle, mais c'est avec Nasser que la lutte anti-impérialiste s'est transformée en un projet de reconstitution de l'unité arabe où la tentation nationaliste se croise et entre en conflit avec les autres. Cette tentation fut bientôt partagée par d'autres pays d'Islam.

Déjà, sans doute, le projet d'Atatürk, pour défensif qu'il fût, était aussi nationaliste tout en s'habillant convenablement en panislamisme. Quant aux ambitions antérieures du khédive Ismaïl, elles s'étaient voulues égyptiennes, non arabes, exclusivement égyptiennes. Et elles s'étaient placées sous le signe de l'imitation de l'Europe, non sous le drapeau de l'Islam.

Avec Nasser, la nouveauté est absolue. Le coup d'État militaire qui renverse le roi Farouk s'est placé dans le giron des Frères musulmans. Il constitue une des réactions à l'humiliation subie face à Israël. À la différence d'Atatürk, Nasser est pieux, non agnostique : pourtant, son projet ne consiste pas à moderniser l'Islam mais à intégrer la religion dans son entreprise qui, au départ, est avant tout antibritannique, voire nationaliste. Sur ce point, le conflit avec les Frères musulmans devint inéluctable car, suivant les préceptes d'al-Banna, non seulement c'est la religion qui contient le gouvernement, et non l'inverse, mais la patrie d'un musulman est l'Islam, et non l'une de ses provinces, « quelque éloignées qu'elles soient, étant entendu que la langue est l'arabe ».

Or, depuis son réveil, à la fin du XIXe siècle, le monde arabe nourrissait déjà plusieurs projets qui, avant Suez, étaient loin d'avoir abouti.

Retour sur le « réveil » des Arabes

À la fin du XIXe siècle, la déchéance du sultanat fit renaître chez les Arabes musulmans de l'Empire l'idée que le califat devait retourner chez ceux qui l'avaient institué, à La Mecque. Cette idée d'un transfert des Turcs aux Arabes parut dans plusieurs traités d'Abd al-Rahman al-Kawâkibi, dont l'un s'intitulait *La Mère des cités* (La Mecque) — *Um Al Qura*. Il imaginait un califat modernisé qui disposerait d'une autorité exclusivement spirituelle et non politique, premier pas vers un nationalisme arabe laïc.

Simultanément, un chrétien de Syrie, Neguib Azury, publiait un autre ouvrage, *Réveil de la nation arabe*, qui préconisait la constitution d'un royaume arabe séparé de l'Empire ottoman. Il comprendrait la péninsule arabique ainsi que le Croissant fertile, mais non l'Égypte, qui n'était pas considérée comme arabe. Au gouvernement s'associeraient chrétiens et musulmans. Dans d'autres projets émanant également de chrétiens, on pourrait adjoindre des juifs à ce gouvernement, en favorisant une immigration sioniste qui contribuerait à un rééquilibrage démographique d'un pays à large majorité musulmane. Dès les années 1860, les consuls de France et d'Angleterre à Beyrouth ou à Damas notaient l'essor de ces courants que réanima, en 1882, la révolte d'Arabi Pacha contre les Anglais, en Égypte.

Un troisième homme, Rashid Rida, fondateur d'un périodique très lu, *Al Manar*, se voulait avant tout musulman. Il était hostile à tout séparatisme mais jugeait que l'Islam était la manifestation du génie arabe et de lui seul.

Les courants sécrétés par ces écrits se trouvèrent pris à contre-pied par la révolution Jeunes Turcs de 1908 qui, à l'origine, se voulait égalitaire entre communautés de l'Empire. Mais les désillusions qui suivirent rapprochèrent les chrétiens des musulmans dans un même mouvement contre la turquisation pratiquée par les nouveaux dirigeants. Les Arabes n'en étaient pas moins divisés entre trois orientations différentes sinon contradictoires : un nationalisme arabe musulman modernisé, un nationalisme multiconfessionnel, un islamisme régénéré par les Arabes.

Or l'écroulement de l'Empire semblait inéluctable, la colonisation par l'Occident inévitable, si bien que les Arabes exigèrent des garanties qu'ils formulèrent au congrès de Paris en 1913. Le vice-président du parti favorable à la décentralisation, Iskander Ammun, y déclara : « L'umma des Arabes ne veut pas se séparer de l'Empire ottoman [...].

Tout ce qu'elle désire, c'est remplacer l'actuelle forme du gouvernement par une autre qui soit compatible avec les besoins des divers éléments qui composent l'Empire, de sorte que les habitants de chaque wilaya [province] aient le mot final dans l'administration de leurs propres affaires [...]. Nous désirons un gouvernement ottoman, ni turc ni arabe, un régime dans lequel tous les Ottomans auront les mêmes droits et les mêmes obligations, où aucun groupe ou parti ne pourra priver les autres de ses droits ou les usurper au nom de sa race ou de sa religion, qu'il soit arabe, turc, arménien, kurde, musulman, chrétien, juif ou druze » (cité par Z. N. Zeine).

Ainsi, le mouvement se voulait pacifique, mais, s'il n'obtenait pas satisfaction, « il deviendrait un mouvement nettement révolutionnaire, même s'il garde des apparences pacifiques. Ses moyens d'action seront alors la bombe et les préparatifs militaires pour un soulèvement. Les Druzes, les Bédouins du Hauran, les nomades de la Mésopotamie, du Hedjaz et du Yémen seront préparés, entraînés par les nombreux officiers arabes de l'armée turque, prêts à démissionner en bloc pour se consacrer à la cause de leur race. Ces moyens violents seront employés même si l'idée de l'indépendance arabe est irréalisable et s'ils ne doivent aboutir qu'à l'occupation de la France et de l'Angleterre [...]. Au moins elle créera, en échange, des conditions d'aisance et de bien-être pour les populations dominées » (rapport Hochberg, 1913).

L'entrée en guerre de l'Empire ottoman aux côtés de l'Allemagne allait de soi, même si un lobby anglophile eût préféré la neutralité dans ce conflit européen. Mais seule l'alliance avec l'Allemagne pouvait permettre le retour des provinces perdues, celles qu'il avait fallu céder à la France — Algérie, Tunisie —, à l'Angleterre — Chypre, Égypte —, à la Russie — Kars, Erzeroum, Anatolie orientale —, ce qui permettrait, qui sait ?, la constitution d'un ensemble « pantouranien » qui irait jusqu'au Caucase et à Boukhara. Au reste, l'Allemagne avait aidé à la construction du BBB, le Berlin-Bagdad-Bahn, ses officiers avaient contribué à la régénération de l'armée, son drapeau flottait haut dans le cœur des musulmans : depuis le discours de Tanger en 1906, le kaiser Guillaume II apparaissait comme le seul véritable ami du monde de l'Islam, et l'Allemagne comme la seule qui n'opprimait pas les musulmans.

Mais, pour les Arabes, une fois la guerre sainte proclamée par le sultan et le calife, y eut-il un dilemme ?

Comme en témoigne le rapport Hochberg, il semble bien que l'état de guerre et les promesses faites par les Anglais à Hussein, chérif de La Mecque, donnèrent aux Arabes l'idée que l'occasion de se débarrasser du joug des Turcs était venue. Dès octobre 1915, le haut-commissaire anglais en Égypte, sir Henry McMahon, s'entremit auprès de lui, promettant la création sous son égide d'un royaume arabe couvrant le Hedjaz et une partie du Croissant fertile. Un orientaliste anglais de ses subordonnés, chantre de la civilisation arabe, le colonel Lawrence, s'est attribué la meilleure part dans ce rapprochement historique, sinon à avoir été le levain qui aida à la prise de conscience du nationalisme arabe. Comme l'Empire ottoman éclatait de toutes parts, « il fallait une force neuve, domination ou race, qui surpassât les Turcs par le nombre, la faculté créatrice et l'activité mentale [...]. Les peuples de langue arabe étaient, par leur force latente, désignés pour ces fins : l'agglomération sémite apparaissait prolifique, grande en pensée religieuse, raisonnablement industrieuse, marchande, politique et cependant d'un caractère accommodant, plutôt que brutalement dominateur [...][4] ». Il voulait créer une nation nouvelle, restaurer une influence perdue.

Le chérif de La Mecque, descendant du Prophète, avait levé une armée qui collabora avec les Britanniques du général Allenby : partie d'Égypte, elle refoula les Turcs en se saisissant des Lieux saints. De son côté, les Anglais lui ayant promis de préserver son indépendance, l'émir du Nedjd, Abd al-Aziz Ibn Saoud, ne compromit pas l'opération menée par Hussein à qui fut promis secrètement le titre de « roi des Arabes ». Mais, tout aussi secrètement, Anglais et Français avaient signé un accord, dit « Sykes-Picot », qui démembrait l'Empire ottoman et le dépeçait à leur avantage ainsi qu'à l'avantage des Russes, des Italiens, des Grecs. La partie arabe de l'Empire se trouverait ainsi, après la victoire, sous la dépendance des Anglais en Mésopotamie et en Palestine, des Français en Syrie, au Liban et en Cilicie. Confirmé par le traité de Saint-Jean-de-Maurienne, ce partage fut révélé au monde par les bolcheviks qui, au pouvoir en octobre 1917, en firent connaître la substance. En même temps, les Arabes apprirent le contenu de la déclaration Balfour qui accordait aux Juifs le droit de fonder un « foyer » en Palestine. Le négociateur anglais qui était convenu, au préalable, d'une délimitation de l'État arabe en accord avec Hussein « n'avait pas eu l'intention d'inclure la Palestine dans la zone d'indépendance

4. T. E. Lawrence, *Seven Pillars of Wisdom*, 1926 ; rééd. fr. *Les Sept Piliers de la sagesse*, Paris, Payot, 1990, p. 71-72.

arabe[5] ». Mais, pour Hussein, cela ne signifiait pas pour autant qu'un État juif devait se constituer. Premier malentendu ! Il est vrai que, pour un Arabe, la notion de droits « politiques » à accorder aux juifs de Palestine n'avait pas le même sens que pour un Occidental : il les identifie en effet aux droits civils.

Grande fut l'amertume des Arabes, lorsque, à la fin de la guerre, le démantèlement de l'Empire ottoman se fit à l'avantage des vainqueurs qui, derrière la fiction de « mandats » délivrés par la Société des Nations, mettaient la main sur la Syrie, le Liban, la Palestine. L'émir Faysal présent à Versailles découvrit que les accords Sykes-Picot avaient plus de réalité que les promesses d'indépendance faites à la Syrie. Quant à Hussein, en guise de royauté des Arabes, les Anglais ne lui reconnurent que celle du Hedjaz, mais bientôt, s'étant proclamé calife, le leader wahhabite de la famille des Saoud l'attaqua et le contraignit à l'exil. Ce dernier descendant du Prophète fut la première grande victime de la politique néo-impérialiste de Clemenceau et de Lloyd George.

Ayant le sentiment d'avoir été joués, les Arabes de l'Irak, de la Syrie et du Liban acceptèrent mal la tutelle des Britanniques, et encore moins celle des Français : à Damas, le général Gouraud eut à faire face à plusieurs révoltes en 1925. L'appui et les faveurs accordés aux chrétiens libanais redoublèrent les sentiments d'hostilité du reste de la population. Si bien que, durant l'entre-deux-guerres, la main du nationalisme arabe passa des chrétiens aux musulmans.

---

5. Cf. la lettre de sir Henry McMahon au *Times* du 23 juillet 1937.

Les humiliations que Mussolini et surtout Hitler firent subir aux Français et aux Anglais soulevèrent l'admiration des musulmans qui voyaient bien que la souveraineté accordée à l'Égypte en 1922, l'entrée de la Syrie et du Liban à la SDN ultérieurement, n'étaient que des trompe-l'œil. En 1940, ce ne fut plus un roi des Arabes qui incarna la résistance à l'impérialisme occidental, mais le grand muphti de Jérusalem, Hadj Amin el-Husseini. La France a disparu, la Grande-Bretagne paraît à genoux ; en 1941, il rencontre Hitler : « Les Allemands et nous avons tous deux des ennemis communs : les Anglais, les Juifs et les communistes. » Hitler lui répond : « La suppression du Foyer national juif fait partie de mon combat. Les Juifs veulent édifier un État central qui deviendra une base pour leurs activités et leurs fins destructrices. Ils veulent abolir les États de tous les peuples du monde. Il est certain que les Juifs n'entreprendront aucune activité constructrice en Palestine. Leur propagande est mensongère. Tout ce qui est bâti en Palestine est l'œuvre des Arabes depuis la préhistoire et non pas celle des Juifs. Leur nature ne leur permet pas d'être des bâtisseurs et j'ai décidé de trouver à tout prix une solution précise et finale au problème juif. [...]

« N'est-il pas surprenant et effrayant de voir coopérer deux ennemis qu'opposent leurs principes et leurs objectifs, les États-Unis et l'Union soviétique, l'extrême droite et l'extrême gauche ? Contradiction étonnante ! Le judaïsme international est parvenu par la ruse à réunir les antipodes — le capitalisme et le marxisme — et à les lier d'une même corde, les mettant ainsi au service de ses intérêts. Mais cette situation ne pourra pas durer. » « Il fit de ses mains le geste de trancher quelque chose qu'il était seul à voir », commente le muphti devant qui Hitler conclut : « C'est contre nature. »

Hitler ne fit aucune déclaration publique en faveur des Arabes... Pourtant, lorsque l'heure de la libération totale sembla s'approcher — la Wehrmacht ayant occupé la Grèce, y compris la Crète —, l'Irak, formellement indépendant depuis 1932 mais occupé, se souleva contre les Anglais, et un coup d'État porta au pouvoir Rachid Ali associé au grand muphti de Jérusalem. Avec l'accord de Vichy, l'Allemagne dépêcha avions et conseillers militaires à Alep, en Syrie, où le général Dentz était attaqué par les gaullistes. Le cours de la guerre s'étant retourné au Moyen-Orient après la victoire des Britanniques sur Rommel à El-Alamein, le général Catroux annonça, en janvier 1943, des élections libres en Syrie et au Liban. Les nationalistes arabes triomphèrent, mais, au Liban, les Français firent arrêter le président et le chef du gouvernement ainsi élus... Choukry al-Kuwatli, président de la Syrie, assure de sa solidarité le gouvernement libanais « libre » réfugié dans la montagne. C'est la crise : de Gaulle et Catroux n'admettaient pas que l'indépendance du Liban ou de la Syrie fût incompatible avec la reconnaissance de droits spécifiques à la France inscrits dans la Constitution. Cette sous-évaluation de la revendication arabe, ces mêmes hommes allaient la répéter au Maghreb, à ceci près qu'au lieu d'y voir la main de l'Angleterre— qui n'était certes pas innocente — ils y virent celle des États-Unis ou de l'URSS. Avant d'y voir celle de Nasser.

Ligue arabe ou pacte de Bagdad

La guerre finie, la Grande-Bretagne demeurait seule en place au Moyen-Orient, même si, juridiquement, l'Irak, la Transjordanie — devenue Jordanie en 1946 —, etc., étaient des États indépendants, même si les États-Unis profilaient leurs ambitions pétrolières en Arabie Saoudite, même si renaissait l'idée d'unité arabe. Elle voulut la contrôler, reprenant plus ou moins les projets élaborés pendant la Première Guerre mondiale.

L'initiative de la création d'une Ligue arabe avait émané de Nuri Saïd, Premier ministre de l'Irak, après l'alerte du soulèvement de Rachid Ali. Il prévoyait en effet la formation d'une grande Syrie, comprenant la Syrie, le Liban, la Transjordanie et la Palestine par voie de fédération. Une autonomie serait concédée aux juifs de Palestine tout comme aux chrétiens maronites du Liban. Enfin, une Ligue arabe lierait l'ensemble avec l'Irak. La grande Syrie devait être constituée sous l'égide du roi Abdallah de Jordanie, l'Irak prendrait la tête de l'Union, mais celle-ci serait placée sous la domination des Hachémites. Certes, Antony Eden approuva le projet, mais une partie des Libanais et l'Égypte, surtout, protestèrent. Nahhas Pacha prit alors Nuri Saïd de vitesse et, à Alexandrie, annonça la création de cette Ligue arabe dont le projet allait contre celui d'une unité arabe centrée sur le Croissant fertile. Cette victoire du Caire sur Bagdad contenait la promesse d'une aide à tout mouvement national arabe, jusqu'en Afrique du Nord, et à toute lutte menée contre Israël.

Mais, faute de moyens puisque privée ainsi du soutien de l'Angleterre, cette Ligue ne pouvait que se limiter à faire des proclamations. Elle fut paralysée surtout par la rivalité entre États, ceux de la Syrie et de l'Irak notamment. De sorte que son drapeau fut brandi essentiellement par le parti du Ba'th créé en Syrie par un Grec orthodoxe, Michel Aflaq, un sunnite, Salah Bitar, et un alaouite*, Zaki al-Arsouzi. Le Ba'th se présente comme un mouvement arabiste unitaire, laïc : l'Islam y est une manifestation du génie éternel de l'âme arabe, non une révélation divine. Le socialisme est considéré comme un moyen pour arriver à l'unité du monde arabe.

Cette *arabisation de l'Islam* était bien à l'opposé de *l'islamisation de l'arabité* telle que la préconisaient les Frères musulmans en Égypte puis plus tard en Syrie.

À l'appel de la Ligue arabe, cette unité se manifesta lors de la création de l'État d'Israël en 1948 : les armées de ces cinq États, rejetant la décision de l'ONU, sont dispersées ou vaincues par les milices qui n'étaient pas encore Tsahal, l'armée que Ben Gourion constitua en pleine invasion[6]. Pour les Arabes, et notamment pour les Égyptiens, ces défaites représentent un désastre, fruit, il est vrai, de leur absence de coordination alors qu'eux seuls disposaient de forces blindées et d'aviation. Pour Israël, cette guerre d'indépendance aboutit à un accroissement de son territoire après l'annexion du désert du Néguev. Surtout, la zizanie et les rivalités entre les États arabes se donnèrent libre court : le roi de Jordanie, Abdallah, s'assura le contrôle de la Cisjordanie en négociant une paix avec Israël, avant d'être assassiné par les hommes du grand muphti (1952).

Le contre-choc de la défaite de 1948 ébranle la plupart des États arabes, la Syrie notamment où les coups d'État militaires succèdent aux coups d'État et où grandit l'influence du parti communiste qui, en vérité, puise sa force, tout comme au Liban, dans les communautés chrétiennes, arménienne surtout. Comme s'il y avait une continuité avec l'ancienne politique russe de protection des minorités.

---

6. Voir page 35 et suivantes.

Mais, plus que tout, l'appel à la signature du pacte de Bagdad, monté contre l'URSS, apparaît comme une provocation et une trahison : l'Irak, arabe, inspiré par la Grande-Bretagne, ne deviendrait-il pas l'allié des Turcs, l'ancien oppresseur, et des Persans, l'ennemi héréditaire ?

En Égypte, le régime issu du coup d'État de Neguib et de Nasser institua une société militaire dont les dirigeants, Nasser le premier, se dégageaient de l'emprise des Frères musulmans tout en combattant les communistes dont Nahhas Pacha et le Wafd toléraient l'existence. Âme du soulèvement contre le roi Farouk, il avait aimé jouer les hommes de l'ombre et, tel le *Mouron rouge,* son héros préféré, il voulut épargner sa victime, le roi Farouk, et le laissa partir pour l'exil. Cela ne l'a pas empêché d'écarter brutalement par la suite, voire d'emprisonner ceux qui n'avaient pas accueilli favorablement son ascension, les Frères musulmans et les communistes. Les premiers organisèrent des attentats contre lui, à moins que la première tentative n'ait été une mise en scène pour régner seul après avoir éliminé le général Neguib qu'il avait mis en avant lors du coup d'État.

Pour l'essentiel, tous étaient néanmoins solidaires dans la lutte pour chasser les Anglais du pays. Sauf qu'alors cet objectif se trouvait au croisement de plusieurs théâtres d'opérations.

En premier lieu, celui de la guerre froide ; ensuite, celui de la décolonisation qui concerne tant l'Angleterre au Moyen-Orient que la France au Maghreb ; en troisième lieu, le conflit israélo-arabe. Trois champs d'action qui se télescopent. D'autres zones conflictuelles émergent ensuite : d'une part, la rivalité entre les États-Unis et les anciennes puissances coloniales, qui a commencé à se manifester depuis quelques années ; d'autre part, l'association des deux « grands », USA et URSS, qui tentent d'imposer leur loi aux autres peuples, de partager le monde en zones d'influence.

Au croisement de la guerre froide

Au début des années 1950, à l'Ouest, les États-Unis président au destin du « monde libre ». La guerre froide bat son plein. Certes, l'armistice conclu à Panmunjom le 27 juillet 1953 a mis fin à la guerre de Corée. Mais l'explosion de la première bombe thermonucléaire soviétique, quelques jours plus tard, manifeste clairement que l'épreuve entre les deux grands ne fait que commencer.

Au moment où la solidarité entre la Chine et l'URSS est à son zénith, les Américains ont le sentiment que, depuis les accords de Yalta, ils ont joué les dupes. : le « monde libre » n'a cessé de perdre du terrain. À la suite de l'Europe de l'Est, de la Chine, de la Corée du Nord et peut-être du Vietnam, voici que le Moyen-Orient menace à son tour de passer à l'Est, de devenir communiste. En Iran déjà, allié aux marxistes du Tudeh (PC iranien), Mossadegh a nationalisé le pétrole. Certes, les Américains ont réussi à le faire déposer et à restaurer le pouvoir du Chah comme celui de son Premier ministre Zahedi de sorte à s'assurer que les Iraniens soient de nouveau leurs fournisseurs et alliés inconditionnels. Néanmoins, l'alerte n'ayant pas manqué de laisser des traces, les Américains pressentent que les soubresauts de la Syrie pourraient donner aux Soviétiques une nouvelle occasion de se manifester dans le monde de l'Islam. D'ailleurs, un mini-accord de vente d'armes est signé entre Damas et Moscou fin 1954. Les Américains veulent donc à tout prix barrer la route à l'expansion communiste vers le sud et les « mers chaudes », vers les zones pétrolières de l'Orient.

Animée par Foster Dulles qui incarne cette stratégie du *containment*, la politique américaine n'a de cesse qu'elle n'ait encerclé l'URSS et la Chine communiste d'un réseau d'alliances militaires matérialisé par un système de bases sous leur contrôle afin d'empêcher leur expansion. L'OTAN joue ce rôle à l'Ouest et, en Extrême-Orient, l'OTASE ou SEATO. En Orient, le pacte de Bagdad doit exercer la même fonction. Pour Washington, l'adhésion à ces pactes, l'humeur même des alliés qui y entrent, constituent le critère du jugement qu'il porte sur eux et prédéterminent l'importance de l'aide qu'il va leur apporter.

En Orient, les Américains comptent sur les Anglais pour ancrer le futur pacte de Bagdad, encore appelé MEDO (*Middle-East Defence Organization*), en Irak puis en Jordanie. Ils ne comptent que sur eux-mêmes pour négocier l'adhésion de l'Iran, de la Turquie et de l'Égypte à ce pacte.

Grande est en effet l'auréole des États-Unis dans ces pays, particulièrement en Égypte auprès de ces militaires qui ont renversé le roi Farouk en 1952. Ceux-ci avaient d'ailleurs pris contact avec les Américains dès l'accomplissement du putsch. Pourtant, lorsqu'en mai 1953 Foster Dulles vient les rencontrer au Caire, il est froidement reçu par Neguib et Nasser. Ce dernier lui fait le reproche d'avoir évoqué « la solidarité du monde libre » : cela « signifie pour nous impérialisme et domination, cette expression a fait mauvais effet ». « Adhérez au moins au MEDO », lui demande Dulles. « Il faut d'abord que les Anglais partent », répond Nasser.

Les rapports entre l'Égypte et les États-Unis n'en demeurèrent pas moins excellents, ceux-ci voyant dans le régime des « officiers libres » une sorte d'alternative heureuse à une subversion par le communisme. En fait, créé par des Juifs, composé essentiellement de Grecs et d'Arméniens, le parti communiste, bien qu'arabisé après guerre, apparut un peu comme sans racines égyptiennes. La CIA força presque la main au régime en le dotant d'un équipement radio extrêmement puissant, qu'allait bientôt utiliser *La Voix des Arabes*, comme on l'a vu. Cependant, le problème des livraisons d'armes demeurait pour Nasser une sorte de test. Un arrangement financier était possible à condition que des conseillers militaires puissent contrôler l'usage que l'Égypte ferait de ces armes. Comme un tel contrôle était exclu, Nasser fit une première ouverture à la Chine lors de la conférence de Bandung. Chou En-lai accepta de jouer les intermédiaires entre l'Égypte et l'URSS : bientôt, cette négociation aboutit à un premier accord au Caire. L'Égypte allait être fournie « par les Tchèques ».

(8) *Nasser et le président Sukarno d'Indonésie.*

À Washington, Foster Dulles menaça aussitôt l'Égypte de sanctions économiques, puis il changea d'attitude. « Ils leur donnent des armes. Nous leur offrirons la prospérité. » Cette réaction de Foster Dulles était une allusion au projet dont rêvaient les dirigeants égyptiens : la construction d'un grand barrage à Assouan. Pour les États-Unis, l'occasion était bonne de garder ainsi des positions d'avenir dans ce pays, d'autant que Nasser n'était pas hostile, bien au contraire, à une prise en charge du barrage par l'Occident. Il avait dit et répété que, pour lui, le plus souhaitable était que le financement provînt en premier lieu de la Banque mondiale, ensuite des puissances occidentales, puis de l'Égypte, enfin des Soviétiques. Si toutefois nécessité obligeait, il collaborerait avec les Russes seuls, ceux-ci s'étant déclarés favorables au projet d'un grand barrage.

Les négociations se heurtèrent à deux sortes d'obstacles. D'abord, les conditions imposées par la BIRD impliquaient une sorte de contrôle sur les dépenses de l'État égyptien, ce qui rappelait dangereusement l'époque des années 1880 lorsque, à la suite de son endettement, l'Égypte s'était peu à peu vassalisée aux Anglais et aux Français puis aux seuls Anglais. En outre, la BIRD ne pouvait garantir que la première tranche des travaux. Ceux-ci allaient durer de nombreuses années, ce long terme arrimerait l'Égypte à l'Occident et lui aliénerait son indépendance. Nasser refusa ces conditions, et les négociations commencèrent de s'enliser malgré la bonne volonté du directeur de la BIRD, E. Black.

Aux États-Unis, l'hostilité envers Nasser croissait à cause de son « double jeu ». D'un côté, il demandait de l'argent et, de l'autre, il multipliait les gestes « inamicaux » : reconnaissance de la Chine communiste, conclusion des pactes anti-Bagdad avec la Syrie et le Yémen, projet de commandement militaire unique égypto-syrien, ouverture de négociations sur Assouan avec l'URSS qui proposait 50 millions de dollars à l'Égypte, etc.

De leur côté, les alliés des États-Unis se montrèrent également réservés devant la sollicitude de Washington à l'égard de Nasser : les fidèles du pacte de Bagdad (l'Irak, la Turquie et, bien sûr, la Grande-Bretagne ainsi que le Pakistan) font valoir qu'à tout prendre, avec les Américains, il est plus avantageux d'être indocile que dévoué. Toutes ces données modifient l'attitude de Foster Dulles. Après en avoir avisé l'ambassadeur de Grande-Bretagne, il annonce le 19 juillet à l'ambassadeur d'Égypte qu'il ne saurait être soumis à ces sortes de marchandage et, brutalement, il annule l'offre de prêt des États-Unis. Les Anglais font de même deux jours plus tard, puis c'est au tour de la Banque mondiale.

Deux jours plus tard, Nasser ripostait en annonçant que, pour financer le barrage d'Assouan, il nationalisait la Compagnie du canal de Suez. Suez paierait Assouan. Plus que les Américains, ce coup visait les Anglais.

Nasser contre l'Angleterre

Au début des années 1950, puissance victorieuse mais meurtrie, la Grande-Bretagne de Churchill ne se résolvait pas à n'être plus que le brillant second des États-Unis. Dès 1952, elle faisait exploser sa propre bombe atomique.

La décomposition de l'Empire n'en était pas moins patente ; et, autant que l'abandon de l'Inde, l'évacuation de l'Égypte était le symbole de ce déclin. Les forces britanniques considéraient qu'elles avaient, par deux fois, victorieusement « défendu » l'Égypte et le canal de Suez : en 1917 contre les Turcs, et en 1942 contre les Italiens et Rommel. Cette manière de voir n'était pas nécessairement partagée, au moins en 1942, par tous les Égyptiens qui se seraient volontiers débarrassés de cette « protection ».

Au reste, connaissant ces sentiments et les revendications des Égyptiens, les Anglais estimaient également que l'heure des délais et des promesses était dépassée : devant la pression de l'opinion et l'aggravation de la guérilla urbaine, ils savaient bien qu'ils devaient s'exécuter, rendre son indépendance de fait à l' Égypte et quitter le pays. Dès 1947, les troupes anglaises avaient évacué Le Caire, et, en 1954, un nouveau traité anglo-égyptien prévoyait l'évacuation de la zone du canal avant deux ans. Le traité stipulait qu'Ismaïlia pourrait toutefois être réoccupée militairement en cas de menace étrangère (sous-entendu, « soviétique ») sur la Turquie ou sur un membre de la Ligue arabe.

Entre-temps, les Anglais avaient évacué la Palestine, ce que le groupe dit « de Suez » aux Communes avait jugé une grave erreur. Car, estimaient ces nostalgiques de l'Empire, « par Haïfa et les Lieux saints, nous eussions garanti Israël et les frontières des États arabes [...] alors que l'abandon de la Palestine obligeait à reconstruire en Égypte ». Or il était clair qu'en Égypte, après le coup d'État militaire de Neguib et Nasser le 23 juillet 1952, il serait de plus en plus difficile de « reconstruire ». À preuve, ce traité de 1954 qui accélérait le mouvement vers l'indépendance totale de l'Égypte.

En outre, l'hostilité de Nasser au pacte de Bagdad confortait l'attitude des Anglais qui, de plus, jugeaient sévèrement ce régime qui avait supprimé tous les partis politiques (le Wafd bien sûr, mais aussi le parti communiste égyptien) et qui persécutait les Frères musulmans après leur tentative d'assassinat contre lui.

Être ennemi de l'Angleterre tout en supprimant la liberté d'expression des partis politiques, voilà ce qui eût suffi à faire de Nasser un « nouvel Hitler ».

Le premier coup porté par l'Angleterre fut d'assurer l'indépendance du Soudan, menée tambour battant, sans commune mesure, naturellement, avec les atermoiements que l'Égypte avait pu connaître. L'objectif de Londres était de couper le cordon ombilical entre l'Égypte et le Soudan alors que, bien entendu, grâce à un usage adroit de la procédure d'autodétermination, Nasser aurait souhaité maintenir une sorte de condominium soudano-égyptien, c'est-à-dire revenir au passé où, comme le notaient les Éthiopiens, bien placés pour s'en souvenir, le Soudan eût fourni à l'Égypte « des terres pour ses colons, des soldats pour son armée, la sécurité pour son eau », bref, fût redevenu une dépendance.

Claironnée par l'Angleterre comme une victoire sur l'Égypte, l'indépendance du Soudan alourdit encore plus, s'il était encore possible, le contentieux anglo-égyptien. D'autant que Nasser, qui avait vécu au Soudan et y avait des attaches comme de nombreux militaires, s'était efforcé par tous les moyens de retarder l'échéance de l'indépendance, notamment en intervenant auprès des sectes « amies », proégyptiennes, tels les Ansar et les Khatima. Naturellement, il ne pouvait pas exprimer ouvertement les ambitions de l'Égypte sur ce pays traditionnellement dépendant au moment où, face à l'Occident « impérialiste », il se voulait le chantre du droit des nations à disposer d'elles-mêmes.

« Mais enfin, avait demandé Eden à Nasser lors de sa visite en Égypte quelques mois plus tôt, en février 1955, pourquoi êtes-vous hostile au pacte de Bagdad ? — Je ne veux entrer dans aucun pacte avec une grande puissance. L'idée du pacte mène à la division du monde arabe, elle isole l'Égypte et met en danger l'unité arabe », avait répondu Nasser.

Heikal, le conseiller de Nasser qui rapporte ces propos, observe qu'à la différence de Foster Dulles, attentif aux paroles de Nasser, Anthony Eden n'y avait attaché aucune importance. Nasser donnait pourtant là, en clair, la clé de toute sa politique. Mais l'idée qu'une vision politique d'ensemble pût s'élaborer ailleurs qu'à Londres, Washington ou Moscou ne venait pas à l'esprit du successeur de Churchill. Or, précisément, les propos de Nasser ne se situaient pas seulement dans le contexte des relations Est-Ouest mais aussi dans le cadre d'une vision multipolaire de l'Histoire où le monde arabe finirait par s'unir et devenir un des nouveaux grands acteurs de la politique internationale.

Bientôt, en avril 1955, à la conférence de Bandung, Nasser prit conscience de cette multiplicité des mondes culturels, de leur aspiration à une identité et à une autonomie réelles tant vis-à-vis de l'Est que de l'Ouest. Mais, alors que la démarche de Nehru et de Sukarno était avant tout fondée sur les principes de coexistence entre l'Ouest et l'Est, sur ce qu'on allait appeler le « neutralisme », Nasser situait son action dans un tout autre contexte. À l'époque, sa perspective paraissait illusoire aux Occidentaux, comme aux communistes d'ailleurs. L'identité islamique et arabe — pourtant si présente alors dans la conscience collective des Égyptiens et d'autres peuples de l'Orient — restait, aux yeux de l'Occident, le type même du mythe. Son projet était appelé par ses

(9) Réunion des chefs bédouins dans la maison du gouverneur.

adversaires, assez confusément, tantôt « panarabisme », tantôt « panislamisme ». L'univers nassérien comprenait en effet « trois cercles », celui des pays arabes proprement dits, celui des pays islamiques et celui des pays africains. Pour un Européen des années 1950, un tel projet ne pouvait que trahir une volonté hégémonique rappelant celle des Allemands des années 1930, Nasser reprenant le rôle de Hitler. Il entendait unifier et dominer des peuples que l'Histoire — c'est-à-dire l'Occident — avait dissociés.

Or, pour leur part, les Anglais, et Eden en particulier, identifiaient le monde arabe aux Arabes du désert et à eux seuls : ces Arabes en burnous que le colonel Lawrence et le général Allenby avaient aidés à régénérer la nation et dont le destin avait été plus ou mois associé à la dynastie des Hachémites. Ils voulaient ignorer que le monde arabe dans le passé comme l'Islam dans le présent correspondaient à une réalité plus vaste et plus profonde qui pouvait être incarnée, à leur façon, par d'autres communautés telles que l'Égypte ou la Libye.

Proposer à l'Égypte libre, et de mauvaise grâce encore, un traité comme celui de 1954 où Nasser devait, en échange du départ des militaires anglais, promis à plusieurs reprises, garantir la liberté du canal et associer l'Égypte à un pacte dont la Turquie et l'Irak seraient les seuls garants, admettre, en outre, la réactivation de la base d'Ismaïlia en cas d'attaque contre un État arabe ou contre la Turquie par une puissance étrangère au Moyen-Orient, voilà qui apparaissait, d'une certaine façon, comme une capitulation de Nasser. Cette « clause turque » signifiait en effet que l'Égypte s'associait à la lutte de l'Occident contre les Russes. Quel autre lien de solidarité pouvait-il y avoir entre l'Égypte et la Turquie sinon celui, naguère, de dépendance ? Observateur perspicace et toujours attentif, Jean Lacouture notait que, « lors de la signature du traité du 24 octobre 1954, le visage le plus morose n'était pas celui du négociateur anglais qui venait d'accepter la liquidation de trois quarts de siècle d'occupation et de protectorat de droit ou de fait, mais celui de Gamal Abdel Nasser. "Et maintenant ?" lui demandions-nous. "Maintenant, il nous reste à reconstruire notre pays." Cela était dit du ton d'un lendemain de défaite ».

Cette signature revenait à mépriser l'Histoire, oublier que les Turcs avaient été pendant plusieurs siècles les oppresseurs des Arabes, que l'Égypte avait été la première, dès 1833, à indiquer aux Arabes la voie de la liberté et qu'aujourd'hui le ressentiment des Égyptiens à l'endroit des Turcs était loin d'être dissipé. En outre, Ankara venait de raviver cette hostilité en reconnaissant officiellement l'existence de l'État d'Israël. Les Anglais en rajoutaient en recommandant à l'Égypte d'« imiter la Turquie » devenue État laïc depuis Atatürk alors que la nation arabe, dont l'Égypte entendait redevenir l'incarnation, se voulait au contraire fille aînée de l'Islam.

Quant au partenaire dont l'Angleterre voulait faire le pilote du pacte de Bagdad, l'Irak de Nuri Saïd, ce choix constituait pour un Égyptien une sorte de provocation. C'était encore une fois mépriser l'histoire même de la nation arabe et ignorer la vieille rivalité entre Bagdad et Le Caire pour incarner la grandeur de l'Islam arabe que plusieurs fois dans le passé l'Égypte avait sauvé, successivement des Moghols et des Croisés. Se voulant plus arabes que les Arabes, les Égyptiens ne pouvaient être que les pilotes d'une Ligue arabe, ou les capitaines, en aucun cas les associés subalternes d'un groupement qui aurait compris des Turcs, des Arabes et des Persans.

Voilà en quoi le pacte de Bagdad « divisait le monde arabe » : d'un côté l'Irak, lié aux ennemis et rivaux turcs, persans, voire aux anciens « sujets » indiens, devenus, après deux siècles de domination coloniale, pakistanais ; de l'autre l'Égypte qui s'associe à des États *vraiment* arabes, la Syrie et le Yémen, sans l'interférence d'une tierce ou grande puissance.

Toutefois, pour que ce rôle d'unificateur lui fût reconnu, il fallait préalablement que l'Égypte manifestât la réalité de son indépendance. En renversant le roi Farouk, en ordonnant la dissolution du Wafd, qui tous deux collaboraient avec les Anglais, les « officiers libres » de Neguib et de Nasser avaient voulu affirmer l'indépendance absolue de l'État, libre de toute ingérence de la diplomatie ou de l'argent de l'étranger. En ce sens, il était déjà à même d'incarner l'arabisme plus que le régime de Nuri Saïd en Irak, ou que le roi de Jordanie flanqué de son chef des armées, Glubb Pacha, un Anglais arabisé. Seul Seoud d'Arabie, avec ses richesses et son contrôle des

Lieux saints, pouvait prétendre à cette incarnation. Mais Nasser et ses « officiers libres » représentaient un monde arabe nouveau, non plus celui du burnous et de la féodalité, mais celui de la petite bourgeoisie intellectuelle ou militaire. Ils figuraient le « nouveau » contre l'« ancien ». D'où l'attraction que ces officiers exerçaient sur la petite bourgeoisie syrienne ou irakienne qui militait au Ba'th. Au reste, les Frères musulmans, qui avaient senti la modernité du discours nassérien, tentèrent d'assassiner le Raïs, d'où l'interdiction de la confrérie.

D'un autre côté, Nasser était complètement imperméable au marxisme, aux idées communistes : à la révolution, il préfère la réforme agraire. En tant que militaire, rien ne lui fait plus horreur que la spontanéité révolutionnaire ou les manifestations de rue. Après les Frères musulmans, ce sera au tour des communistes d'être incarcérés.

Se voulant arabe, musulman et progressiste, voire socialiste — son socialisme étant identifié moins au marxisme qu'à l'Islam —, Nasser se considère avant tout comme le chantre de la lutte anti-impérialiste ou plutôt anticolonialiste. Seul ce rôle lui donnait autorité pour parler au nom de l'arabisme, voire de l'Islam. Contrairement à ce que pensaient les Anglais, les avanies et les rebuffades subies par Nasser dans ses rapports avec eux ou avec les Américains ne pouvaient que le conforter dans ce rôle, voire le stimuler à aller au-delà de ce qu'impliquait son projet initial.

À part l'expulsion des Anglais, le programme fondateur des « officiers libres » comportait cinq autres points concernant la rénovation intérieure : lutte contre la féodalité, lutte contre le grand capital, lutte contre le despotisme social, lutte contre le trucage politique, lutte contre l'affaiblissement de l'armée. Il n'y était pas question d'Islam.

Quant à l'Angleterre, ce qu'elle ne pouvait « reconstruire » pour le moment en Égypte, elle essayait de l'accomplir, grâce au pacte de Bagdad, à partir de l'Irak et de la Jordanie. Car, aux yeux des Anglais, cette lutte d'influence n'avait pas seulement pour priorité « de maintenir les Soviétiques loin du Moyen-Orient ». Il s'agissait également de prévenir la poussée américaine de plus en plus sensible depuis la Seconde Guerre mondiale. Tout près du monde arabe, les États-Unis avaient déjà pris pied en Iran avec la mission Harriman consécutive à la nationalisation de l'Anglo-Iranian Company et contribué au rétablissement du Chah. Certes, l'Angleterre y trouvait son avantage, mais les États-Unis n'en avaient pas moins pris sa place, la place prépondérante dans les affaires iraniennes. En Turquie comme en Grèce, l'influence américaine s'était substituée à celle, traditionnelle, de l'Angleterre. Dans le monde arabe lui-même, indépendamment de l'Égypte où le nouveau régime avait essayé de se rapprocher des États-Unis, l'Angleterre avait aussi perdu sa position privilégiée en Arabie Saoudite entièrement contrôlée par l'Aramco.

Le point fort de la position anglaise, son enracinement le plus profond, était la double monarchie Hachémite, en Irak et en Jordanie. En Irak, Nuri Saïd, vieux compagnon des luttes menées aux côtés des Anglais contre les Turcs, n'imaginait pas que le monde arabe, ressuscité grâce aux Anglais, pût jamais survivre sans eux. Il l'avait confié à Anouar el-Sadate qui professait précisément la vision inverse : celle de la marche des Arabes vers leur unité. Prêt à signer le pacte que le Foreign Office souhaitait et qui restituait à l'Angleterre le leadership qu'elle était en train de perdre, l'Irak de Nuri Saïd était ainsi, pour Londres, l'allié modèle qui, en plus, contrecarrait au sein de la Ligue arabe toutes les tentatives d'hégémonie de l'Égypte. Aussi Nasser ne cessait-il d'attaquer l'Irak, l'accusant de trahir le monde arabe s'il signait un pacte avec les impérialistes.

En Irak, la position de Nuri Saïd paraissait solide. Au sein de la Ligue arabe, il ne manquait pas non plus d'alliés qui craignaient l'orientation « progressiste » de Nasser, condamnée au demeurant par les Frères musulmans. Il sut ainsi attaquer l'Égypte sur son point faible, ce traité de 1954 avec l'Angleterre, précédent contestable du point de vue arabe puisque, le premier, Nasser avait garanti la sécurité de la Turquie. Nuri Saïd fit ainsi savoir qu'à tout prendre il restait aussi libre de ses mouvements que Nasser et qu'il était sans doute plus « arabe » que lui.

Pour constituer le premier maillon du pacte, l'Angleterre avait laissé jouer l'Irak. Pour y greffer la Jordanie, elle prit l'affaire en mains. Cela lui semblait d'autant plus aisé que la Jordanie n'avait d'existence, outre la personne de son roi, qu'à travers la Légion arabe que commandait l'Anglais arabisé Glubb Pacha. Mais, étant donné les remous qui secouèrent le petit royaume et devant la pression de l'opinion, le roi Hussein décida de renoncer à adhérer au pacte de Bagdad.

Ainsi Nasser et *La Voix des Arabes* pénétraient-ils et agissaient-ils jusqu'au cœur du sanctuaire anglais en pays arabe : pour les Britanniques, cette « agitation » devenait intolérable. Elle affaiblissait leur rôle et faisait échec à la politique menée en commun contre la pénétration soviétique. Londres n'était même pas payée en retour pour la position anti-israélienne adoptée par Eden dans son discours de Guidehall affirmant qu'Israéliens et Palestiniens devaient tenir compte des résolutions prises par l'ONU en 1947 concernant les frontières d'Israël. Quand le ministre d'Eden, Selwyn Lloyd, fit une tournée dans le monde arabe, il fut lapidé à Bahrein aux cris de

« Nasser ! Nasser ! ». Quelques jours plus tard, le Yémen signait un pacte d'assistance avec l'Égypte. Décidément, pour Eden, Nasser était bien l'ennemi numéro un.

Le refus de Foster Dulles une fois connu, la décision de nationaliser le canal avait été prise quasi instantanément par Nasser. Elle ne fut cependant rendue publique qu'une fois montée l'opération de mainmise sur le canal. C'est un discours de Nasser qui devait déclencher l'opération, les forces égyptiennes se saisissant de la Société au moment précis où Nasser dirait que « Monsieur Black lui rappelait le Français Lesseps, qui était à l'origine de la mort de tant de martyrs égyptiens lors de la construction de ce maudit canal ». Nasser continuait alors son discours en disant qu'Assouan ne répéterait pas l'expérience de la construction de Suez en 1869 car c'est l'argent que rapportait le canal qui financerait le barrage.

Signification de la crise de Suez

Devant la joie que causait au peuple égyptien assemblé cette nouvelle de la nationalisation, Nasser éclata de rire, d'un fou rire que *La Voix des Arabes* retransmit au monde entier ébahi.

Ce rire de la dérision, ce grand hoquet de joie du Tiers-Monde fut entendu, grâce au transistor, de Karachi à Casablanca et Nairobi. Cette déculottée de l'Occident était la deuxième humiliation que l'Islam infligeait aux puissances arrogantes. En effet, lors de la nationalisation de l'Anglo-Iranian Company, utilisant toutes les procédures dilatoires, Mossadegh avait fait dire à l'envoyé de Washington qu'il était souffrant et ne pouvait pas le recevoir. Devant l'insistance du représentant des États-Unis, il le reçut dans sa chambre, en pyjama ! En pays d'Islam, cette inconvenance fut ressentie comme un premier défi aux puissances coloniales et à leurs alliés américains.

Après le pyjama de Mossadegh, le rire de Nasser...

Les Français se sentirent également agressés par la menace contre « l'œuvre de Ferdinand de Lesseps ». Mais l'essentiel était ailleurs. Les dirigeants du Front républicain, Guy Mollet en tête, jugeaient, comme l'ancien et actuel gouverneur de l'Algérie Jacques Soustelle et Robert Lacoste, que les racines du problème algérien se trouvaient au Caire. Qu'on coupe les liens avec Nasser, mieux, qu'on l'élimine, et les insurgés, réduits à eux-mêmes, se trouveraient acculés à capituler.

Cette illusion aveuglante reposait sur cette idée que 120 années de présence française et 75 ans de République ne pouvaient pas sécréter un mouvement nationaliste ou islamique *sui generis*. Elle n'avait pour s'étayer que l'appui international du Caire au FLN, à Bandung notamment, une aide militaire, faible au demeurant, qui transitait par la Libye, et la dénonciation par Messali Hadj de cette tentation nassérienne de contrôler la délégation extérieure du FLN en Égypte. Sans doute n'était-ce pas rien ; c'était en tout cas suffisant pour conduire le gouvernement français à conclure une alliance militaire avec Israël que pouvaient menacer les forces égyptiennes équipées désormais par les Soviétiques. Les Anglais étaient associés d'office à cette alliance, mais ils regimbaient à l'idée de s'aliéner le monde arabe en frappant l'Égypte lors d'une opération militaire conduite par Israël. « Nous interviendrons à Suez pour séparer les combattants », disaient les Français. « Pour mieux pouvoir jouer ce rôle d'arbitre, ne devrions-nous pas bombarder aussi Israël ? » demande Selwyn Lloyd. « Trop, c'est trop », répondit Ben

(10) De gauche à droite : Ben Bella, Aref et Nasser.

Gourion qui se contenta de promettre qu'il ne toucherait pas à la Jordanie — car c'était le souci numéro un des Anglais, comme l'Algérie celui des Français.

À la demande des Français et des Britanniques, Israël attaqua donc l'Égypte et s'arrêta au bord du canal de Suez le 29 octobre 1956. Le 30, Paris et Londres imposaient leur « médiation ». Le 2 novembre, à la demande des Soviétiques et des Américains, l'ONU exige l'arrêt des hostilités. Les troupes de l'opération Mousquetaire débarquées à Port-Saïd durent se retirer le 7 novembre devant l'ultimatum soviétique menaçant d'utiliser « toutes les forces destructrices » et la condamnation par l'ONU.

Nasser triomphait sans avoir combattu. En ajoutant : « Décidément, je ne comprends rien à la politique américaine. » De fait, Foster Dulles estimait que c'était l'occasion de se substituer aux anciennes puissances coloniales en s'arrogeant le privilège de défendre le Moyen-Orient de la pénétration soviétique. Cette politique prit le nom de « Doctrine Eisenhower ».

Si les États-Unis ont pu acquérir ces avantages, c'est parce qu'ils ont été de connivence, ne fût-ce qu'un moment, avec l'URSS pour assurer le partage avec eux des responsabilités au Moyen-Orient. Cette volonté réciproque des Américains et des Russes de décider à eux seuls du destin du monde, cette collusion bipolaire, si elle n'est pas vraiment le résultat de la crise de Suez, c'est elle qui lui a donné corps de façon spectaculaire.

Simultanément, effet réel de Suez, et essentiel, un « Tiers-Monde » est apparu et revendique ses droits à l'instar du Tiers-État, d'où son nom forgé par Alfred Sauvy. Il se veut autre chose et plus qu'une association de nations qui chercheraient un équilibre entre les grands en marquant leur autonomie par rapport à eux, comme le préconisaient les partisans du « neutralisme positif ». Car, à la conférence de Bandung, si la spécificité du Tiers-Monde s'est exprimée, elle jouait seulement de la rivalité entre les États-Unis et l'URSS pour exister, sans chercher à affirmer son identité, par exemple en définissant son propre mode de développement. Les participants de la conférence de Bandung disposaient encore de peu de moyens, hormis le chantage de passer d'un camp à l'autre, pour se faire entendre et recevoir de l'aide — ce que l'Est comme l'Ouest appelaient du « marchandage ».

Le premier fait nouveau, que la crise de Suez mit au jour, c'est que désormais les nations démunies, l'Égypte en tête, disposent enfin d'un atout, en l'occurrence le canal, qu'elles ont su arracher à l'Occident. Elles disposeront bientôt d'un second atout, dont Mossadegh n'avait pas réussi à soustraire le monopole aux grandes puissances : le pétrole. Le 28 juin 1956 était prise la décision de réunir la première conférence des États arabes le 3 décembre en vue d'unifier leur politique pétrolière face à l'Occident. Une ère nouvelle commençait.

Loin de dériver vers le communisme, comme une certaine vision déterministe de l'Histoire les y prédisposait, les pays d'Islam s'en détournaient autant sinon plus qu'ils ne se détournaient du modèle occidental. Ils affirmaient leur vocation nationale et islamique en montrant — l'Algérie par exemple — qu'une société peut sécréter à la fois une histoire qui lui appartienne en propre et une histoire qui s'identifie à celle d'une communauté, l'Islam. Ce monde avait reconnu en Nasser le pilote et le héros de cette régénérescence quand, jusqu'aux communistes égyptiens incarcérés, tout le monde arabe saluait son triomphe. Ce ralliement n'a eu d'équivalent qu'en Algérie où le PCA s'est autodissous en 1956 pour se fondre dans le FNL. Ces exemples restent exceptionnels dans l'histoire du communisme. Voici la lettre des communistes égyptiens à Nasser :

« Nous, communistes, accordons à votre politique un appui total et conscient. Nous appuyons votre attitude à la conférence historique de Bandung [...]. Nous appuyons la lutte conséquente de votre gouvernement contre le

Pacte turco-iranien, contre tous les pactes militaires et contre l'impérialisme agressif. Nous appuyons votre action pour l'unité des pays arabes en lutte contre l'impérialisme, pour la sauvegarde de leur territoire et pour la défense de notre sœur la Jordanie. Nous appuyons la déclaration Séoud-Kouadly, Nasser qui renforce l'unité arabe sur la base de l'indépendance. [...] En vérité notre pays est fier, aujourd'hui, de cette politique nationale. »

À l'inverse, les Frères musulmans demeuraient hostiles. Cette insertion des Soviétiques et des Américains dans les affaires de l'Égypte constituait pour eux une ingérence inadmissible. Surtout, le régime nassérien se faisait plus tyrannique à l'égard de ceux d'entre eux qui ne se ralliaient pas à sa politique. En 1957, 21 Frères musulmans furent assassinés dans leurs cellules et autant gravement blessés. En 1966, Sayyid Qotb, héritier d'al-Banna, était exécuté.

La République arabe unie

Mais l'effet de souffle du succès de Suez sur la population égyptienne et dans le monde arabe rendit possible la réalisation d'une première étape de l'unité arabe : le Ba'th syrien en fut l'artisan « pour que l'Égypte ne devienne pas un obstacle à un autre processus d'unification ». L'Égyptien moyen ne se sentait pas encore vraiment arabe. Michel Aflaq et Salah Bitar pensaient que l'initiative du Ba'th syrien l'y aiderait. Ainsi fut proclamée la République arabe unie en 1958 qui unit ces deux pays mais à laquelle l'Irak fait bientôt obstacle. « Frappez, mais frappez fort », avait conseillé Nuri Saïd aux Anglais avant l'expédition de Suez. Au projet de République arabe unie, il oppose une fédération entre l'Irak et la Jordanie dans laquelle il entend intégrer le Koweït — première tentative d'annexion sous prétexte du caractère « illégitime » de cet État.

Mais le souffle de la victoire de Nasser est tel que le régime de Nuri Saïd s'effondre à la suite d'un coup d'État militaire soutenu par un déchaînement populaire : la famille royale est massacrée, Nuri Saïd exécuté. Les deux vainqueurs, les généraux Abdul Salam Aref et Kassem se séparent, le premier soutenu par le Ba'th voulant se joindre à la RAU pour que l'unité arabe gagne une nouvelle étape, le second s'appuyant sur les minorités kurdes et chiites pour perpétuer l'existence de l'Irak. Kassem l'emporte et manifeste son nationalisme arabe en n'accordant aucun statut privilégié aux Kurdes de Barzani, en réclamant le rattachement du Kurdistan iranien dénommé « Arabistan », en rebaptisant le golfe Persique « golfe Arabe ». À son tour, Kassem est abattu après un premier attentat auquel participe Saddam Hussein qui avait échoué, mais sa résistance avait mis fin à l'expansion du nassérisme.

Dans ces affaires, l'URSS avait soutenu Kassem dans sa volonté d'annexer le Koweït auquel l'Arabie Saoudite et l'Égypte avaient au contraire apporté leur soutien. « L'unité arabe ne peut se faire que par en bas, expliquait Nasser, non par une annexion venue d'en haut. » Nasser soutient pourtant un putsch militaire au Yémen, celui du colonel Sallal en 1962, l'imam Badr ralliant les tribus du désert et obtenant l'appui du roi Saoud qui avait soutenu Nasser contre les Hachémites (Irak et Jordanie) avant de mesurer les effets de son succès et de tenter de le faire assassiner : publié, le « contrat » signé par le monarque avait fait scandale.

Le projet d'union arabe bute au Yémen où les troupes de Nasser — plus de 40 000 hommes — ne parviennent pas à s'imposer. Un compromis doit être passé avec le successeur de Saoud, Faysal.

Le deuxième obstacle à la constitution de la RAU fut le retrait de dirigeants ba'thistes de Damas, déçus par leur collaboration avec Nasser qui les écartait de la direction des affaires et conscients que les Syriens n'en tiraient aucun avantage, économique ou tout autre. Au-delà des gesticulations sur leur parenté, au fond surtout l'expression d'une hostilité aux puissances occidentales et à Israël, les Syriens d'un côté, les Égyptiens de l'autre ne se sentaient d'identité commune que face à leurs ennemis.

Se révélait également l'opposition fondamentale au sein du monde de l'Islam entre un projet politique, celui de Nasser, clair pour le peuple parce que exprimé dans un langage à la portée de tous, démocratique à sa façon, laïc quant au fond sans avoir été délibérément conçu comme tel, à la différence d'un Bourguiba par exemple. En face se dessinait une alliance inévitable entre les princes d'Arabie Saoudite, foyer d'une vision intégriste de la société musulmane, et les Frères musulmans d'Égypte qui avaient aidé le pieux colonel Nasser à s'emparer du pouvoir et se retrouvaient, pour une part, en prison.

Naissance d'une nation palestinienne

L'échec de la République arabe unie puis la défaite de 1967[7] ont provoqué une scission entre, d'une part, des

7. Voir page 36.

États jugés « réactionnaires », telles l'Arabie Saoudite ou la Jordanie, et, d'autre part, des États « progressistes », telles l'Égypte qui continue à guerroyer contre Israël, la Syrie ou l'Algérie de Boumediene.

Pourtant, ceux-ci n'osent pas contraindre les premiers à utiliser l'arme du pétrole pour obliger l'Occident, et donc Israël, à quitter les territoires occupés et à appliquer la résolution 242 des Nations unies. C'est au sommet de Khartoum qu'apparaît ce constat : certes, les États arabes disent « non » à Israël, mais ils disent « oui » à l'Occident : développement oblige !

Les Palestiniens étaient ainsi sacrifiés, eux qui avaient rejeté la résolution 242 — parce qu'elle confirmait la reconnaissance d'Israël — et dont la résistance s'organisait dans les territoires occupés. L'OLP, créée en 1964, radicalisait sa charte en 1968 : la lutte armée devient « la seule voie » pour libérer « totalement la Palestine » (articles 9 et 21), « les Juifs qui y résidaient jusqu'au commencement de l'invasion sont palestiniens » (article 6).

Cette radicalisation s'accompagnait d'un discours révolutionnaire, d'un appel au secours des réfugiés et des expulsés dont le nombre était passé de 500 000 environ en 1948 à 1 300 000, près du tiers s'installant en Jordanie. Ainsi, alors que le refus arabe, depuis 1948, tolérait une certaine composition avec Israël, celui de la résistance palestinienne prenait la relève de façon radicale et donnait naissance à une nation.

L'apparition de ces Palestiniens en tant que force politique ne pouvait qu'embarrasser Nasser et le roi de Jordanie, alors que les Américains, avec Rogers et Kissinger, essaient de nouer les fils d'une négociation entre les Arabes et Israël. L'écart s'élargit de plus en plus entre une résistance palestinienne, dont les leaders comme Georges Habache tenaient un discours révolutionnaire inspiré de Cuba, de la Chine ou du Vietnam, et l'ensemble des États arabes qui peu à peu se consolidaient et craignaient d'être déstabilisés par un nouveau conflit qu'auraient arbitré les Russes et les Américains.

Jusqu'alors, l'OLP avait été considérée comme un pion dans la politique des États arabes, notamment de l'Égypte, et non comme une force représentative. Or elle le devenait, prenant son autonomie en stigmatisant « les traîtres arabes » coupables d'accepter le plan Rogers sur les territoires occupés qui implique la permanence d'Israël. Nasser fait alors fermer la radio palestinienne du Caire. Plus encore, croyant pouvoir compter sur l'appui de l'Irak, la résistance palestinienne, à la tête de laquelle Habache a pris le dessus sur Arafat, envisage de détrôner le roi Hussein. Celui-ci dispose d'une armée petite mais forte qui écrase la résistance palestinienne au cours d'un « septembre noir » qui fait 3 500 morts et 10 000 blessés. Lors du conflit, la population palestinienne de Jordanie ne s'était pas solidarisée avec les fedayin, si bien que le Fath d'Arafat allait l'emporter sur le FPLP d'Habache et imposer l'idée d'un État palestinien que Nasser avait d'ailleurs suggérée la veille du massacre mais que la résistance palestinienne n'avait pas voulu prendre en considération.

Cependant, il faudra attendre 1988 pour que l'OLP d'Arafat accepte à la fois la création d'un État palestinien et la résolution 242 des Nations unies. Et, implicitement, celle de l'État d'Israël. Toutefois, celui-ci n'applique toujours pas la résolution 242 et multiplie ses colonies dans les territoires occupés. La délimitation des frontières, le

(11) La poignée de main historique du Caire (28 septembre 1970). Hussein et Yasser Arafat se réconcilient devant Nasser.

statut de Jérusalem, l'existence de ces colonies, le sort des réfugiés sont désormais l'objet d'un dialogue de sourds.

Irak-Syrie-Liban, de l'unité à la division du monde arabe

Une fois, deux fois, trois fois, Bagdad s'était opposé au Caire pour prendre la direction du monde arabe : en suscitant la création de la Ligue arabe, qui lui fut soufflée par le roi Farouk et Nahhas Pacha ; en créant, face à la République arabe unie de Nasser, une union avec la Jordanie et l'Arabie Saoudite, et après la révolution ba'thiste en se posant en successeur de Nasser à la tête du monde arabe. En 1979, un projet de charte panarabe de défense fut élaboré par Saddam Hussein ; il visait l'Iran voisin, pays du chiisme auquel s'opposent à la fois le Ba'th laïc et l'Arabie Saoudite gardienne du sunnisme.

De fait, avant la révolution iranienne de 1979, le chiisme révolutionnaire avait fait des progrès plus rapides en Irak, où s'était réfugié Khomeiny, qu'en Iran, et, dès 1974, la répression avait frappé le parti de la « prédication islamique » de Muhammed Baqr al-Sadr, assassiné après un attentat manqué des chiites contre Tariq Aziz, ministre chrétien de Saddam Hussein. En effet, celui-ci s'était fait le chantre de la défense de la nation arabe que menacerait l'islamisme, chiite en l'occurrence, ce qui lui assura la solidarité de tous les États qui craignaient l'expansionnisme iranien, celui du Chah jusqu'en 1978, celui de Khomeiny ensuite, même si la couleur du drapeau avait changé. D'ailleurs, Khomeiny conforta la légitimité de cette position : à peine au pouvoir, il attaque l'arabisme dès 1979 et appelle au renversement du Ba'th, un parti « athée ».

Chantre de la nation arabe, Assad de Syrie veut l'être également. Alaouite, il est ba'thiste lui aussi, autant laïc qu'antisunnite et il entend détacher l'arabisme de l'Islam. Or, pour y parvenir, comme les théoriciens de la fin du XIXe siècle, il doit se faire l'allié obligatoire des chrétiens du Liban quitte à combattre le Druze Kamal Joumblatt et son Mouvement national musulman qui exige la démission du chrétien maronite Frangié. Ce défi est double car il implique aussi la lutte contre les Palestiniens de l'OLP réfugiés au Liban depuis le « septembre noir ». Cette immixtion dans la guerre civile libanaise (1975-1976) doit lui permettre à terme de se saisir du Liban que le protectorat français avait détaché de la Grande Syrie durant l'entre-deux-guerres. Sans doute les Maronites sont-ils hostiles à l'alliance Druze-OLP-Arabes progressistes qui leur rappelle leur conflit au temps où Napoléon III était venu à leur aide. Mais ils ne cèdent pas à la tentation d'une sécession, synonyme d'alliance avec Israël qui eût permis de créer, côte à côte, deux micro-États non musulmans jouxtant la Syrie. Parce qu'ils sont aussi Arabes et que leur position économique dominante à Beyrouth peut assurer leur hégémonie sur l'ensemble du Liban. Assad veut prévenir à tout prix cette issue, d'où son aide aux chrétiens. Il lui faut en effet, tout en écartant les Palestiniens, apparaître comme un inconditionnel de la lutte contre Israël s'il veut, étape suivante, peser autant que l'Irak et prendre la relève de Nasser pour reconstituer une unité arabe croupion, au moins autour de la Syrie avec le Liban et la Jordanie. Ces positions se heurtent désormais à celles de l'Égypte de Sadate puis de son successeur qui ont choisi de faire la paix avec Israël pour se rapprocher des Américains et de l'Arabie Saoudite. Bientôt, attaqué à l'intérieur par la montée de l'islamisme sunnite, Assad la brise et s'associe à l'Iran chiite durant sa guerre avec l'Irak.

L'arabisme et le nationalisme arabe sont décidément en crise. La Syrie est isolée, si bien qu'Assad doit se reconvertir pour que son programme nationaliste minimal — la mainmise sur le Liban — puisse aboutir. Comme il domine la force arabe du pays, contre cette menace le chrétien Pierre Gemayel accepte, gêné, l'aide que lui offre Itzhak Rabin, ce qui divise les chrétiens du Liban. Assad se rapproche alors des Palestiniens et autres forces progressistes.

Ce fut le bombardement de la Galilée par l'OLP depuis le Sud-Liban qui conduisit le gouvernement Begin-Sharon à envahir le pays jusqu'à Beyrouth pour le « nettoyer » de l'OLP. Pas mal accueillie au début par une partie des Druzes et des chrétiens, cette opération atteint ses objectifs après de violents combats dans

Beyrouth. Yasser Arafat et les Palestiniens quittent le Liban sous la protection de l'ONU. Mais cette guerre a eu pour effet à la fois de réintroduire les chiites pro-iraniens dans la lutte contre les Israéliens et de raviver la solidarité entre les partis libanais hostiles à l'alliance honteuse entre certaines milices chrétiennes et Tsahal : la répression que mène l'armée israélienne, à moins d'en laisser l'exécution à des milices chrétiennes comme dans les camps de Sabra et Chatila, retourne l'opinion contre Israël.

Tandis qu'après le départ des Palestiniens Israël ne garde occupé que l'extrême sud du pays pour protéger la Galilée des attaques du Hezbollah* chiite — soit environ 9 % du territoire —, Assad occupe le reste, intervenant en force et ralliant à lui une partie des chrétiens. Ils se mettent en quelque sorte sous son protectorat, hormis les forces du général Aioun, bientôt vaincues par les Syriens et qui n'avaient pas reconnu les accords de Taef (1989) pour autant qu'ils ne prévoyaient pas le départ des troupes syriennes. Assad consolide ensuite sa position pendant la guerre du Golfe (1990) en soutenant la coalition contre Saddam Hussein qui avait apporté son aide à Aioun.

Bientôt, dans le cadre des négociations entre Israël et l'OLP qu'avait lancées Jimmy Carter, Tsahal quittait le Sud-Liban. Laissant renaître les activités commerciales du Liban éprouvé par quinze années de guerre, Assad n'en contrôle pas moins politiquement le pays. En 2002, le patriarche maronite Mgr Rasmallah Sfeir, interrogé par Al Jazira (Qatar) évoquait les « effets néfastes de la mainmise syrienne qui n'a plus de justification maintenant qu'Israël n'occupe plus le sud du Liban ».

1980 : Saddam Hussein lance une attaque-surprise contre le territoire iranien, s'imaginant que le régime des ayatollahs va s'effondrer : de fait, la guerre dure près de huit ans. Autant qu'un conflit entre l'Irak et l'Iran, entre un régime laïc et un régime islamiste, cette guerre est le réveil de l'hostilité ancestrale des Persans et des Arabes qui remonte à la fin des Sassanides : en témoigne le nom donné aux offensives des armées en bataille. C'est au cours de cette guerre que Saddam Hussein est accusé par l'ONU d'utiliser des armes chimiques contre l'Iran et d'avoir lancé des missiles sur Hamadan et Bakhtaran.

Inquiet de la puissance iranienne que transfigure la révolution islamique, l'Orient arabe avait soutenu Saddam Hussein. Pas moins inquiet de l'effet révolutionnaire que produit l'Islam chiite, l'Occident le soutient également au point que d'agresseur il fait bientôt figure d'agressé, car Khomeiny refuse ses propositions de paix lorsque le sort des armes semble s'inverser.

Le nationalisme du leader de Bagdad n'en demeure pas moins agressif, vis-à-vis des Kurdes notamment, mais également des chiites irakiens qu'il persécute pour leur hostilité à l'arabisme et leur solidarité avec le régime des ayatollahs. Ce nationalisme allait se manifester de nouveau, sur fond de pétrole cette fois, par l'annexion brutale du Koweït dont l'Irak, depuis son indépendance en 1932, conteste la souveraineté et qu'il a déjà voulu annexer en 1961.

Craignant pour leurs intérêts pétroliers, à leur tour les États-Unis allaient prendre en charge la « punition » de Saddam Hussein sous mandat de l'ONU : ce fut la guerre du Golfe de 1990. Elle divisa tout à la fois l'Islam et le monde arabe. On y reviendra.

Le pétrole, nouvel enjeu

1957. Au lendemain de la crise de Suez, un dessin du *Canard enchaîné* montrait les grandes puissances à genoux devant un Arabe, gardien du pétrole. Une ère nouvelle s'ouvrait.

Les journalistes du *Canard* avaient une ou deux décennies d'avance. Ce n'est pas avant la crise de 1973 que les producteurs arabes vont en jouer. Mais, avant de prendre cette figure, qui a pris corps ensuite avec l'Arabie Saoudite, le pétrole était déjà l'arme qu'entendaient utiliser les États-nations qui se jugeaient victimes du colonialisme — le premier fut l'Iran de Mossadegh.

La Seconde Guerre mondiale avait révélé l'importance stratégique du pétrole. En 1943, Harold Ickes, responsable du ravitaillement en pétrole aux États-Unis, sonnait l'alarme. Certes, les pertes de la guerre sous-marine se réduisirent après le pic d'avril 1943, mais ce fut au tour de la consommation intérieure d'être menacée : en février 1944 à New York, il n'y avait plus que deux jours de stock de mazout. Sans doute était-ce peu grave, il y avait des réserves, de brut notamment ; mais la situation globale était suffisamment alarmante pour que le problème des réserves de pétrole devienne vital pour les États-Unis dans la guerre comme ensuite.

Conscient de l'importance du pétrole, Franklin Roosevelt, de retour de Yalta, concocta un entretien avec Ibn Seoud, sachant quelles ressources se trouvaient cachées en Arabie Saoudite. Le souverain le savait aussi. Des compagnies américaines avaient déjà conclu des accords avec lui, mais il s'agissait maintenant pour le président américain que l'Arabie fût une sorte de chasse gardée et d'assurer sa sécurité en pétrole par un engagement du gouvernement auprès des compagnies concernées. On nommerait « Aramco » — l'Arabie étant ainsi présente dans le sigle — la compagnie pétrolière. Bien qu'ils aient obtenu dès 1944 la sauvegarde de leurs propres intérêts à l'intérieur d'une « ligne verte » dessinée avant guerre, les Britanniques virent d'un mauvais œil cette irruption des Américains dans ce Moyen-Orient qu'ils contrôlaient plus ou moins depuis que la France n'y jouait qu'un rôle secondaire.

Dans ses *Mémoires*, Churchill a raconté combien il fut désagréablement surpris d'apprendre que Roosevelt avait eu un entretien avec Ibn Seoud sur le *Quincy* à Suez. Il n'y avait pas été convié et il savait l'hostilité qu'Ibn Seoud nourrissait contre les Anglais. Il peut néanmoins le rencontrer, mais, à côté des cadeaux d'Ibn Seoud — des épées incrustées de diamants et des sacs de perles pour les épouses de Churchill et d'Eden —, le coffret de parfums à 100 livres sterling qu'il apportait faisait petite mine. Alors Churchill prit sur lui de dire à Ibn Seoud que ce coffret devait seulement l'aider à attendre l'arrivée de la plus belle automobile du monde, à lui destinée... une Rolls Royce dernier modèle. Encore que celle-ci devait être offerte à la reine — sir Winston dut s'en expliquer —, et, pour en acheter une autre à la souveraine, il fallut vendre tous les diamants d'Ibn Seoud.

Mossadegh, la crise et la montée du nationalisme iranien

La différence entre le contrat signé par les Américains et Ibn Seoud d'une part, entre les Britanniques et le Chah de Perse d'autre part, c'est que, dans le premier cas, le partage des bénéfices entre le consortium et le roi était équitable, chacun en recevant la moitié, alors que, dans le second cas, la moitié revenait au gouvernement britannique sous forme d'impôts et l'autre moitié à l'Anglo-Iranian, de sorte que le gouvernement de Téhéran ne recevait qu'une petite part de cette moitié. Il est vrai que ce contrat datait d'une autre époque et qu'on était alors bien loin d'imaginer la place que le pétrole allait occuper dans l'économie mondiale.

C'est en mai 1901 en effet que le Chah Muzaffar al-Din avait signé un accord avec William Knox d'Arcy pour l'exploitation du pétrole en Iran, en excluant les cinq provinces du Nord pour ne pas heurter les Russes. En échange, et afin de ne pas froisser les Anglais, le pétrole russe ne devait pas transiter par le golfe Persique. Le projet de d'Arcy coïncidait avec ceux du Foreign Office qui, au vu de la présence allemande dans l'Empire ottoman, nourrissait des inquiétudes sur la route des Indes, comme avec ceux de l'Amirauté qui cherchait des sources de carburants fiables. Mais, en 1907, la pénétration des étrangers, une révolte des religieux du bazar et des ouvriers suscitèrent une révolution qu'Anglais et Russes exploitèrent pour partager le pays en zones d'influence avant que le nouveau rival allemand ne se manifeste. Déjà ses agents, tel Wassmuss, le Lawrence allemand, cherchaient à contrecarrer les projets britanniques au sud de l'Iran. La recherche et la prospection avaient connu de nombreux déboires, migrant du nord, à Chiah-Surkh, près de Bagdad, vers Masjid i Suleiman ; puis, ayant à subir l'hostilité des populations, c'est seulement en 1908, puis en 1912, que furent ouverts les puits d'Abadan.

Le nouveau lord de l'Amirauté, Winston Churchill, avait été à l'origine du coup de fouet donné aux travaux, en montrant d'abord que le pétrole revenait moins cher à l'est de Suez que le charbon, ensuite et surtout que le mazout permettait aux navires d'aller plus vite et de prendre ainsi l'avantage sur les flottes ennemies. Pour prévenir un contrôle du marché par la Royal Dutch Shell, postée en Insulinde et gros producteur, la Grande-Bretagne procéda à une semi-nationalisation de l'Anglo-Iranian et l'associa à la Royal Dutch Shell. La Perse était tout juste informée. En 1933 encore, le gouvernement iranien n'avait pas le droit de consulter les livres de comptes de la compagnie pétrolière, or son pourcentage baissait tandis que les royalties montaient. Téhéran payait même le pétrole au prix fort. En outre, seul un petit nombre d'Iraniens avait accès à des postes de travail spécialisés et responsables dans l'Anglo-Iranian. La compagnie payait plus de taxes et d'impôts à la Grande-Bretagne qu'elle ne versait de royalties à l'Iran. À Abadan, où ils s'installaient, les Britanniques construisaient une ville pour eux, comme ils procédaient d'ordinaire dans leurs colonies.

Les Iraniens n'avaient pas besoin de connaître la mesure exacte de ce dessaisissement pour nourrir une haine tenace à l'égard des Anglais, de l'Anglo-Iranian et de ceux qui vendaient leur pays aux étrangers : en 1949 et 1950, des attentats furent commis contre le Chah et ses ministres. En juin 1950, les Majlis demandèrent la nationalisation de l'Anglo-Iranian, et le Premier ministre Razmara, ce « pantin britannique », qui s'y opposa fut assassiné neuf mois plus tard.

Ce fut le nouveau Premier ministre, Mohammed Mossadegh, champion de la démocratisation du régime, incarcéré pour cela durant les années 1920, qui osa franchir le pas. Il décréta la nationalisation de l'Anglo-Iranian.

Un coup d'audace inouï. Arrière-petit-fils d'un Chah de la dynastie précédente, cet aristocrate était aussi un juriste qui savait qu'il était le dos au mur devant les exigences populaires formulées par les ayatollahs menés par Kachani tandis que les forces britanniques menaçaient d'occuper militairement Abadan. Ses appels à la radio — une première — mobilisèrent les foules que le parti Tudeh, lié aux Soviétiques, encouragea à la résistance.

On était alors en pleine guerre de Corée. Sensibles surtout à la menace d'un Iran basculant dans le camp soviétique avec son pétrole, les Américains jouèrent les bons offices, ils persuadèrent le gouvernement britannique qu'au vu de l'accord de parité conclu par l'Aramco en Arabie Saoudite, et pour prévenir la contagion qui, après l'Iran, pourrait atteindre l'Irak, il valait mieux céder. Ils invitèrent l'Anglo-Iranian, qui résistait au gouvernement britannique, à s'insérer par un accord avec Mossadegh dans un complexe pétrolier plus vaste auquel participeraient la Shell et des entreprises américaines, qui devaient s'engouffrer dans cette brèche.

Ayant reçu l'envoyé extraordinaire de Truman dans sa chambre, allongé sur son lit et demeuré en pyjama, le vieux Mossadegh fit comprendre à Averell Harriman qu'il n'était pas dupe, que cette dilution n'était qu'un piège. Il refusa la combinaison proposée. « C'est un comédien et un homme rusé, jugea Harriman, mais tout règlement eût mis un terme à son pouvoir politique. » Tandis qu'une fête nationale, « journée de haine à l'égard du gouvernement britannique », était instituée par l'ayatollah Kachani pour commémorer cette victoire. Les Anglais durent quitter Abadan sur le *Mauritius* en entonnant *Colonel Bogey*, plus connu depuis que son air a été repris dans *Le Pont de la rivière Kwaï*.

En représailles, les autres grandes compagnies pétrolières instituèrent le boycott du pétrole iranien : de 650 000 barils en 1950, la production chutait à 20 000 barils, alors que la production mondiale passait dans le même temps de 10 à 13 millions de barils. Truman et Acheson redoutaient surtout que Mossadegh ne soit remplacé par le Tudeh et que l'Iran ne passe dans la sphère d'influence soviétique. De connivence avec les services anglais, la CIA prépara l'opération « Ajax », un coup d'État d'accord avec le Chah pour éliminer Mossadegh et donner le pouvoir au général Zahedi. L'armée reçut le soutien des ayatollahs qui nourrissaient les mêmes craintes. Le Chah revint d'exil pour signer avec les compagnies un accord dans lequel, pour la première fois, la notion de « concession » accordée à des étrangers était remplacée par le principe d'une négociation, les actifs pétroliers devant en principe appartenir à l'Iran.

Bien qu'écarté du pouvoir et de nouveau emprisonné, Mossadegh était apparu comme un héros qui avait su dire « non », un « père la victoire », un exemple que d'autres voudront suivre, Nasser à Suez notamment. Surtout, il avait su humilier le représentant de la plus grande puissance mondiale en le recevant « en pyjama ». L'écho de cet exploit retentit d'un bout à l'autre du monde islamique.

Chez les Iraniens, cette première victoire sur l'impérialisme s'accompagnait pourtant d'une rancœur particulière : ils n'attendaient rien des Anglais, mais ils s'estimèrent trahis par les Américains — comme par celui dont ils avaient restauré l'autorité, le Chah. La mémoire est longue : vingt-cinq ans plus tard, ceux-ci allaient le vérifier.

Revenu au pouvoir grâce au coup d'État organisé par la CIA, le Chah se trouve sous la dépendance des États-Unis qui, dans le consortium pétrolier formé en 1954, tiennent 40 % des parts. Mais, échaudés par l'épisode Mossadegh, les Américains le laissent instituer une sorte de dictature, garantie, jugent-ils, contre la menace communiste ou soviétique. Ils le suréquipent militairement, ce qui flatte son attirance pour les armes les plus élaborées — et les plus chères. Promu gendarme du golfe Persique, ce que les États arabes considèrent comme une menace, l'Iran du Chah fait montre d'une agressivité sans retenue : il s'empare de trois îlots du détroit d'Ormuz appartenant aux Émirats arabes et que les forces britanniques venaient d'abandonner. Il apporte son aide aux Kurdes qui harcèlent le régime de Bagdad. En 1975, il met fin à cette aide après avoir obtenu que l'Irak ne revendique plus sa souveraineté sur la totalité du Chatt al-Arab, cette région de l'estuaire du Tigre et de l'Euphrate objet de litige depuis la fin de l'Empire ottoman.

Le nationalisme du Chah, souvent arrogant, trouve son expression à l'occasion de la commémoration des deux mille cinq cents ans de l'Empire. On y retrouvait quelques-uns des accents de Mirza Aqa Kerman, cet écrivain qui avait été lié à al-Afghani. De façon significative, les extraordinaires festivités mirent en valeur le passé de la nation, ses guerriers mèdes et perses défilant dans le décor grandiose de Persépolis (1971).

Dans l'évocation historique de ces moments glorieux, il n'y avait qu'un absent : l'Islam, l'Islam qu'avaient introduit les Arabes. Quelques années plus tard, le calendrier fut réformé, l'origine des temps ne fut plus l'hégire du Prophète — on serait depuis en 1354 —, mais la fondation de l'Empire par Cyrus — et l'on serait en 2535. Cette laïcisation ne pouvait que froisser plus encore le clergé chiite déjà inquiété par la police secrète du Chah, la Savak*, et dont les représentants les plus écoutés, tel l'ayatollah Khomeiny, connurent dès la fin des années 1960 leurs premières arrestations.

L'Algérie de Boumediene, de la nation au nationalisme

Plus que toute autre partie du monde de l'Islam et du monde arabe, l'Algérie devait se définir comme nation : d'abord, parce que son statut colonial — un ensemble de « départements » — niait la réalité de son existence ; ensuite, parce que, voisine du Maroc et de la Tunisie, elle était la dernière à conquérir son indépendance et s'impatientait d'affirmer son identité. Pour les dirigeants algériens, s'exprimer comme les leaders d'une nation instituée constituait ainsi un enjeu important même si la lutte pour l'indépendance avait établi son existence. C'est ainsi qu'ils présentent leur pays comme divisé en classes sociales et non comme une mosaïque de peuples, si bien que les Berbères se trouvent, en tant que tels, ignorés.

Plus encore, le passé fait l'objet de manipulations historiques comme seuls les États totalitaires l'ont fait. À la manière de l'histoire officielle soviétique, dès qu'avec Boumediene les armées de l'extérieur ont pris le dessus sur les maquis, les noms des anciens dirigeants du FLN, Ben Bella, Aït Ahmed disparaissent tout comme est réduit le rôle des Messali Hadj, Ferhat Abbas et autres fondateurs du mouvement national dont le peuple devient le seul héros. Il n'est pas question non plus de Nasser, ni du parti communiste algérien dissous en 1962, ni des syndicats. Plus : pour que les enfants effacent de leur mémoire cent trente ans de présence française, un État algérien souverain fait son apparition en 1830, et, dans les manuels scolaires, il est question dès cette date de la résistance aux soldats français, il est question des centaines, des milliers de réfugiés, du pays ravagé, dont les habitants n'ont jamais cessé de lutter. Dans *Je connais l'Algérie*, aucune allusion aux Français installés depuis un siècle et demi, pas la moindre trace. De leur « œuvre », on ne souffle mot ; comme le disait Ferhat Abbas : « Que m'importe qu'il y ait de l'électricité dans ma maison si ma maison n'est pas à moi. » Pas un mot qui pourrait laisser penser qu'au mépris des droits et de l'honneur des Arabes humiliés un million de Français ont vécu, sinon tous prospéré, avant que, bilan d'une guerre cruelle, ils aient dû partir.

Jusqu'à la chute de Ben Bella en 1965, dans l'esprit des institutions, il y a une prééminence du parti, le FLN, sur l'État, les syndicats regroupés dans l'Union générale des travailleurs algériens (UGTA) lui sont soumis, et il impose au pays une voie de développement socialiste sous un régime présidentiel et un parti unique. Après le coup d'État de Boumediene, l'État prend le pas sur le parti et devient l'agent de la refonte des rapports sociaux. La charte de 1976 fait de l'Islam la composante fondamentale de l'identité algérienne « puisque le socialisme n'est pas une religion ». Il n'est lié à aucun clergé spécifique : « L'édification du socialisme s'identifie avec l'épanouissement des valeurs islamiques. »

On peut parler d'une étatisation de l'Islam, d'autant que les confréries et les marabouts sont déconsidérés et surtout que les ulémas n'ont pas été les moteurs de la résistance armée. Mais, si le pluralisme politique est proscrit, une certaine pluriconfessionnalité persiste, elle conduit d'ailleurs le cheikh Abdelatif Soltani, réfugié au Maroc, de dénoncer bientôt « les principes destructeurs importés de l'étranger ». Le premier objectif de ce courant préislamique est l'arabisation et l'élimination de la langue française dans l'enseignement. Avec la rente pétrolière à son point culminant durant les années 1970, c'est la société de consommation et la dissolution des mœurs qui sont critiquées à leur tour — et bien sûr l'orientation socialiste et laïcisante du régime.

National, le régime de Boumediene glisse bien vite au nationalisme grâce au prestige que lui assure le triomphe de son combat. On a noté que, dès avant l'indépendance, un des enjeux de la rivalité entre Ben Bella et Boumediene avait été la relation privilégiée que le premier entretenait avec Nasser. Le nationalisme ombrageux des dirigeants du FLN les détournait de s'intégrer, à la façon des Syriens, dans quelque extension d'une quelconque République arabe unie dirigée par l'Égypte. Nasser meurt en 1970, mais il avait déjà disparu de la liste des parrains de la révolution algérienne. En 1971, nationalisant le pétrole, Boumediene ravive le contentieux franco-algérien et s'en prévaut pour jouer les leaders du monde non aligné, du Tiers-Monde, en venant défendre à l'ONU un nouvel ordre économique international. En 1975, l'Algérie prend l'initiative de réunir le premier sommet de l'OPEP.

Entre-temps, l'Algérie est devenue une puissance militaire que ses voisins commencent à craindre. Le contentieux le plus grave porte sur le Sahara occidental qu'Hassan II juge devoir revenir au Maroc, si tant est que l'Espagne rende sa liberté à ce territoire d'Ifni, alors qu'un mouvement indépendantiste sahraoui, sous l'égide du Front Polisario, plus « républicain » que monarchiste, est soutenu par Boumediene. Mais celui-ci ne peut pas s'opposer à la « Marche verte » organisée par Hassan II et qui aboutit au partage du Sahara occidental entre la Mauritanie et le Maroc. L'ONU est intervenue pour organiser un référendum, mais les parties concernées ne se mettent pas d'accord sur ses modalités, et le Front Polisario entre en dissidence.

Il reste que les volontés hégémoniques de la nation algérienne, au moins sous Boumediene, n'ont pas tardé à se faire sentir. Alger avait même aidé les mouvements indépendantistes des îles de la méditerranée occidentale ; leur agitation, amorce d'une virtuelle neutralisation — grâce à l'intervention soviétique —, n'aurait-elle pas pu générer une éventuelle « reconquista » ?

La révolution islamique

La révolution islamique en Iran

Dans une allocution enregistrée à Qom, fin 1979, l'ayatollah Khomeiny déclarait que « la révolution n'avait pas pour but de renverser le régime monarchique, mais bien de poser les fondements d'une République divine ». Ces simples mots, le renversement du Chah malgré sa force militaire par la seule puissance du verbe, voilà qui devait avoir un fantastique effet de souffle sur le monde de l'Islam et même au-delà. Seule la marche triomphale de Nasser vers l'unité arabe après Suez, voire l'appel du congrès de Bakou aux opprimés du monde entier en 1919 eurent un écho comparable.

Or, en 1979, ces événements qu'il était à des années-lumière d'avoir imaginé laissent le monde occidental perplexe. Pourtant, en Iran même, des regards attentifs pressentaient la venue imminente d'un séisme. Dans *Le Voyage de la pierre* (1978), le cinéaste Massoud Kimiai met en scène un riche meunier infirme qui se proclame chef de village et en profite pour exploiter les paysans. Pour chaque sac de farine, il exige cinq sacs de blé. Surtout, il s'oppose à la construction d'un autre moulin qui lui ferait concurrence. Les villageois n'en taillent pas moins une énorme pierre qui devrait lui servir de socle. Mais les hommes du meunier les empêchent de la transporter du haut de la montagne jusqu'au village. Alors un Tsigane pousse les habitants à se soulever, et le voyage de la pierre peut commencer, poussée par les paysans, le mollah, sa fille et le forgeron : malgré les obstacles, elle finit par rouler du haut en bas, détruisant sur son passage la maison blanche du meunier. Ce film allégorique prophétise en quelque sorte la révolution. Tel le meunier, la dynastie du Chah s'était autoproclamée souveraine en 1890, l'actuel monarque était malade, et du côté des révoltés se trouve le mollah, comme ce sera le cas un an plus tard. Tous les paysans protestent contre la réforme agraire qui a renforcé le pouvoir des notables.

Film prémonitoire mais parmi de nombreux autres, analysés par Hormuz Key et qui, à côté des films farsi de comédie ordinaire, stigmatisent à la fois le pouvoir et sa police, la Savak, non en condamnant la répression — les films auraient été interdits — mais en montrant les autorités indifférentes, absentes ou maladroites dès que la société exprime ses malheurs. Dans ces films antérieurs à 1979, l'émigration urbaine dit combien la modernisation des campagnes fut brutale et insensible au sort des victimes d'expropriation. De la même façon en ville, la modernisation implique la destruction des vieux quartiers, la dispersion et le démantèlement de la petite bourgeoisie du bazar.

Les paysans, le mollah, le bazar, le Chah, presque tous les participants de la révolution islamique sont en scène.

Restent les intellectuels. Recevant en septembre 1978 Elisam Narighi, fondateur de l'Institut de recherches sociales à Téhéran, le Chah lui demande : « D'où proviennent cette rébellion et cette agitation ? Qui a déclenché ce mouvement religieux ? — Mais vous-même, Majesté », répond-il. Le Chah le regarda d'un air à la fois étonné et effrayé et lui rétorque : « Pourquoi moi ? » « Il s'attendait, poursuit Narighi, à ce que je désigne les Palestiniens, les communistes, Kadhafi, Khomeiny, les Américains. » Mais il lui rappela qu'en 1962 il s'était rendu à Qom et y avait attaqué les chefs religieux qui avaient présenté leurs critiques de la réforme agraire et de l'éligibilité des femmes comme un signe de leur position réactionnaire. Désormais, les mollahs voulaient montrer, pour rejeter l'accusation de conservatisme, qu'ils étaient plus révolutionnaires que le Chah et sa révolution blanche. Suivant les conseils d'Ali Chariati, maître à penser de toute une génération, ils comprirent qu'ils devaient miser sur la jeunesse et, pour rajeunir le chiisme, s'appuyer sur les mouvements anticolonialistes en s'inspirant de Frantz Fanon.

« Vous devez savoir que je suis quelqu'un de profondément religieux [...], mais le clergé veut se mêler de tout au nom de la religion pour asseoir son pouvoir [...]. Le progrès et le développement du pays ne l'intéressent pas. »

« La constitution iranienne est fondée sur trois piliers, répondit Elisam Narighi, le clergé, la monarchie et la volonté nationale exprimée à travers des élections libres. Ce parlement est contesté, vous devez compter davantage sur le clergé. »

Ce dialogue, confronté au témoignage des films de Kimiai, permet de s'introduire dans la problématique de la révolution islamique. Le Chah est sans doute pieux, mais sans doute aussi anticlérical. Tantôt il choque le clergé chiite en se voulant moderne et en occidentalisant les lois et le statut des femmes, ou encore en se voulant plus persan ou iranien que musulman, en changeant le calendrier, en glorifiant le passé préislamique du pays. Mais, plus encore, lui et son père ont agressé le clergé, et pas seulement à Qom.

Ils avaient institué des examens pour donner le droit de porter le turban en devenant uléma, ils avaient laïcisé l'enseignement privant d'emploi beaucoup d'ulémas, constitué un corps d'enseignants laïcs pour donner une version du chiisme autorisée par l'État ; ils avaient contrôlé l'organisation des pèlerinages, encouragé le travail des femmes à des fins économiques, pour accélérer le développement, et aidé à la création d'écoles professionnelles pour elles. Ils avaient dégagé les alentours du tombeau de l'imam Reza à Meshed pour en « moderniser le cadre ». En 1977 enfin, le ministre Amuzegar coupa largement les crédits destinés aux religieux.

Il en eût fallu moins pour dresser mollahs et ayatollahs contre le régime. Mais leurs griefs rejoignaient ceux que nourrissaient d'autres parties de l'opinion. Les paysans d'abord, que le regroupement des terres aux fins d'un meilleur rendement économique avait contraints d'émigrer en ville, laissant l'économie de subsistance très affaiblie. Certes, la production globale s'accrut de 10 à 12 %, mais qu'importe la production globale à celui qui a dû quitter son village pour survivre ?

En ville, précisément, la mise en cause de la politique du Chah et de ses technocrates, celle, plus vive encore, des pratiques de la Savak, voilà qui suscite à la fois une contestation du monde politique officiel et des manifestations de rue de la part des étudiants. Des membres du Front national, le parti de Mossadegh, signent en 1977 une lettre ouverte qui stigmatise la violation des droits de l'homme, la faillite des réformes engagées par le Chah, le non-respect de la Constitution, le gaspillage des revenus du pétrole. Parallèlement, soixante-quatre juristes demandent le respect de la loi et condamnent la mise à mal des droits de l'homme.

Les étudiants accompagnaient ces manifestations que les organisations de gauche, autrefois liées au parti Tudeh, essayaient de récupérer. Mais l'image de l'URSS avait pâli, celle de la Chine prenait la relève tout comme les combats de Che Guevara : l'idée de guérilla, de « guerre prolongée » n'était pas éloignée, et, de fait, des fedayins apparurent dans le Gilan, mais leur combat faisait appel aussi à la tradition chiite de résistance et de martyr qu'avait inaugurée le fils d'Ali, Husayn, au VIIIe siècle.

La dynamique de l'opposition passa des organisations et des individus libéraux, voire révolutionnaires, au clergé chiite à la suite d'une provocation de la Savak. Dans le journal *Ehela'at*, elle accusa les « Noirs » et les « Rouges », c'est-à-dire les mollahs et leurs complices crypto-communistes, de saboter la révolution blanche en acceptant de l'argent de l'étranger, en l'occurrence des Anglais, par l'intermédiaire des Arabes : à la tête du complot se trouvait l'ayatollah Khomeiny. Cet article de janvier 1978 suscita des manifestations géantes qui firent 70 morts. Leur commémoration, tous les quarante jours suivant le rite chiite, était suivie par les étudiants, la jeunesse rurale d'immigration récente, les milieux du bazar souvent affaiblis par la politique industrielle du Chah.

Celui-ci sous-estima les capacités politiques du clergé chiite en gardant de lui l'image d'une Église de cour qui accepte l'hérédité monarchique. Or un certain nombre de penseurs en Iran même ou dans l'émigration avaient adopté une position radicalement tiers-mondiste, condamnant à la fois le libéralisme, le socialisme antireligieux et le régime du Chah. Un des ces orateurs, Ali Chariati, voyait dans l'humanisme musulman la seule idéologie qui pût sauver l'identité des Persans mais aussi celle des autres peuples victimes de la colonisation, du capitalisme et du socialisme.

À la différence des tiers-mondistes de la conférence de Bandung, Nehru, Tito, Sukarno, le discours d'Ali Chariati visait certes l'indépendance politique et économique, mais plus encore la régénérescence de l'identité culturelle du musulman que l'occidentalisme ou le communisme avaient subverti. Lecteur et traducteur de Frantz Fanon et de Jean-Paul Sartre, Ali Chariati apparaît en phase avec l'opinion de gauche. Il n'en stigmatise pas moins certaines formes occidentales de libération des femmes qui les transforment en objets sexuels et surtout finissent par dissoudre la cellule familiale, assise de la société musulmane.

La lutte contre l'immoralité était au cœur de son engagement, mais également la lutte pour un pouvoir équitable : « Ceux qui mettent en cause le pouvoir injuste se feront les exécuteurs du verdict du Ciel. » Il ne s'agit pas d'égalitarisme, mais au contraire d'une hiérarchie sociale qui tient compte de la dignité des pauvres. Toutes ces idées sont partagées par l'ayatollah Khomeiny dont la renommée politique et l'exil ont fait le chef spirituel de l'opposition et qui, depuis l'Irak ou la France, préconise le renversement de la monarchie et son remplacement par la souveraineté des jurisconsultes — *Vélâyat-é-Faqih** —, des hommes justes. Il rappelle qu'Husayn est mort martyr pour prévenir le passage de l'Islam au régime monarchique soumis au principe dynastique.

Son message atteint les faubourgs de la capitale peuplés à moitié de paysans chassés de leurs terres par les réformes économiques dites « de la modernisation ». Le pouvoir parlait d'urbanisation alors qu'en fait les grandes villes, Téhéran en tête, se ruralisaient. Les habitants se montrèrent d'autant plus réceptifs au discours des mollahs, en particulier de Khomeiny, que celui-ci s'adresse essentiellement aux déshérités. De sorte que les foules qu'il mobilise rejoignent les manifestants plus politisés qu'avaient appelés à la révolte ceux qui stigmatisaient l'absence de démocratie, le régime de la Savak instauré avec la bénédiction des Américains, même si Jimmy Carter avait recommandé au Chah de faire respecter les droits de l'homme.

L'escalade des manifestations et de la répression accentua les violences qui atteignirent leur paroxysme le « vendredi noir » du 8 septembre 1978. On compta des centaines de morts victimes de l'armée et de la police secrète. Le Chah fut contraint d'appeler au gouvernement Chapour Bakhtiar, mais, depuis son exil, Khomeiny déclara son gouvernement « illégal », et bientôt ce fut au Chah de quitter le pays. Khomeiny rentra en triomphateur à Téhéran le 1er février 1979.

Il est significatif que, le premier vendredi du ramadan après la révolution, le lieu choisi pour le prêche et la prière ne fut pas la mosquée mais le campus de l'université de Téhéran — lieu central seul susceptible d'accueillir des millions de fidèles. C'était le premier

(12) *Bani-Sadr, Mehdi Bazargan, l'ayatollah Khomeiny.*

geste d'islamisation d'un lieu profane. Ce dessaisissement correspondait bien au différend qui allait opposer la parole des clercs à celle des intellectuels et autres libéraux qui avaient conjointement contribué à la chute du Chah, et mettre fin à l'unanimisme des premières semaines. Techniquement, cette opposition mit aux prises les professionnels de la politique avec ceux qui faisaient écho au sentiment populaire — exhortation morale qui stigmatise la corruption dans les pays chrétiens, la permissivité, et prône une morale sexuelle plus exigeante tout en informant les fidèles des turpitudes commises par l'Amérique, l'Irak, Israël et ses alliés. Ces discours étaient transmis par radio, recopiés et reproduits sur cassettes, entendus jusqu'au fin fond du pays.

Discours simples, compris de tous, alors qu'en face les hommes politiques libéraux ou révolutionnaires ne détiennent pas les mêmes moyens — le clergé contrôle les médias — et surtout parce que leur langage est moins accessible et qu'ils ne disposent pas des ressources du prêche. En outre, face au monopole de la parole qu'exerce le clergé — même s'il est divisé —, les intellectuels et les politiques n'ont pas de message fort à faire passer. Ainsi, le projet démocratique est dévalué depuis que l'extrême gauche, ces trente dernières années, a montré que ce n'était qu'une illusion et que les politiques l'ont confondu avec un régime parlementaire représentatif.

Mais la confrontation allait plus loin, elle portait sur la dépendance idéologique vis-à-vis de l'Occident. Le régime démocratique constituait un de ces emprunts, et, pour certains imams, il y avait là une bonne raison de s'en écarter. Pourtant, Khomeiny avait refusé de condamner Ali Chariati dont une partie de l'argumentation puisait dans Sartre, Fanon, etc. Il fallait faire un choix : « Au lieu de se préoccuper du vendeur, préoccupons-nous de l'acquéreur », disaient ceux qui, tel Soroush, avaient confiance dans les forces de la culture islamique pour « digérer » les emprunts à l'Occident.

On retrouvait un débat qui avait traversé tous les mondes de l'Islam depuis un siècle. Pourtant, comme l'a bien vu Fahrad Khosrokhavar, dès que les ayatollahs prirent le pouvoir, même par Premiers ministres interposés tels que Mehdi Bazargan ou Abolhasan Bani-Sadr, le prestige du clergé contestataire commença à s'évanouir. Au temps du Chah, il était relativement indépendant ; désormais, il devenait le détenteur du pouvoir, plus puissant que l'ancien prieur du vendredi qui n'était que le représentant du pouvoir. De sorte qu'une « inversion de valorisation en résulta : le rapport des intellectuels à l'Occident perdit son caractère ignominieux d'intelligence avec un ordre mondial répressif et revêtit une dimension positive de participation à la modernité rendue plus appétissante par son aspect de fruit défendu ».

Le pouvoir n'en appartenait pas moins aux religieux dont le corps important de 200 000 à 300 000 membres put rapidement éliminer les autres forces qui avaient concouru à la chute du Chah : la bourgeoisie libérale qui ne possédait pas d'organisation structurée, la classe ouvrière que le régime du Chah avait isolée et édentée, les groupes marxistes de toutes tendances qu'avaient réprimés le Chah mais sans ancrage dans les masses qui acclamaient Khomeiny. Pourtant, pendant plusieurs mois, la vie politique connut une effervescence extraordinaire, toutes sortes de comités se créèrent et se concurrencèrent, dans une animation qui rappelait les débuts des soviets en Russie, hormis qu'en Iran la force qui l'emporta fut le clergé.

Ce clergé, toutefois, était divisé entre réformistes qu'on trouvait parmi les cadres supérieurs des « Gardiens de la révolution » (les Pasdaran*), modérés, conservateurs, au sein desquels se trouvaient les militants du Hodjatieh hostiles à toute participation du clergé au gouvernement, donc opposés au gouvernement Khomeinyste des justes et à son parti d'Allah, le Hezbollah, qui rassemble la jeunesse pauvre susceptible d'être mobilisée dans des brigades des mœurs et dont l'agressivité est toute répressive. Autre noyau dur, lié à l'armée, les Bassidj, dont le sacrifice est la finalité, groupe désespéré prêt à mourir dans la tradition des martyrs chiites.

On a vu que les femmes avaient pu, sous le Chah, militer pour une certaine islamisation par opposition au régime. Aussi certaines participaient-elles à la révolution islamique. Mais l'oppression dont elles sont devenues victimes dépasse bientôt l'allure de leur tenue : les restrictions à la polygamie sont abolies, l'âge du mariage est ramené de 14 à 9 ans, la garde des enfants réservée au mari en cas de divorce, etc. Les interdits qui leur sont imposés les submergent[8].

Le régime prit toutes sortes de mesures humanitaires, sociales, etc. ; mais l'essentiel fut bien que l'agression de l'Irak, dont les dirigeants avaient cru que les divisions nées de la révolution autoriseraient une victoire facile, aboutit, à l'inverse, au renforcement du régime islamique. Tout comme l'accueil réservé au Chah, en son exil, par les Américains ressuscita, avec la prise d'otages en représailles, la haine des États-Unis considérés désormais comme les héritiers du colonialisme anglais. Cette crise resserra les rangs autour de l'ayatollah Khomeiny.

Là se trouve le second effet paradoxal de la révolution islamique. À peine son triomphe reconnu, l'ayatollah Khomeiny avait inscrit dans le préambule de la Constitution que « le contenu islamique de la révolution était un mouvement pour la victoire de tous les déshérités sur les puissants, en Iran et à l'étranger [...], pour la délivrance des peuples démunis et opprimés dans le monde ». Ailleurs, il était énoncé « qu'il fallait être vigilant pour qu'au nom de l'Iran les satans ne vous détournent pas de votre Islam. Toutes les corruptions existantes sont les produits de la nationalité et du nationalisme. Invoquer ces problèmes ne sert qu'à semer la discorde ».

8. Seuls les taliban, en Afghanistan, vont encore plus loin. En Égypte, au contraire, l'élégance pudique, avec le port du voile, se coordonne avec les variations de la mode... Cf. J.-N. Ferrié, *op. cit.*

À des dignitaires chiites et sunnites, il expliquait : « Ils veulent que nous ne soyons pas frères, que les musulmans se heurtent à des difficultés dont l'une se présente sous la forme de la nation ; un peuple dit qu'il est persan, un autre prétend être arabe [...]. Ce sont des intellectuels qui, ayant fait des études à l'Ouest et à l'Est, sont venus consciemment ou inconsciemment avancer le nationalisme [...] », car, explique-t-il, le nationalisme est synonyme de laïcité, d'occidentalisation, de corruption. Idées nouvelles de sa part, formulées dans les années 1960 et 1970. Ainsi, Mehdi Bazargan, premier chef du gouvernement islamique nommé par Khomeiny, croyait que « l'objectif de la révolution était de servir l'Iran par la voie de l'Islam » ; il fut donc surpris de voir qu'au contraire Khomeiny voulait « servir l'Islam par l'intermédiaire de l'Iran ».

Islamisation des relations internationales

Ainsi furent définis les traits d'une diplomatie islamique qui, par certains de ses attendus et de ses traits, reconstruit les relations internationales à la façon dont avait procédé le régime soviétique après 1917 mais selon d'autres critères, évidemment. Ainsi, de même qu'après 1945 Moscou classait les États en catégories — l'URSS, les démocraties populaires, les amis de l'URSS comme Cuba ou la Chine, etc. —, Téhéran pose que le monde est désormais divisé en deux camps : le Dar al Islam, pays musulmans, et le Dar al Cherk, monde de l'impiété et du polythéisme. Dans le Dar al Islam se trouve d'abord le seul pays possédant un régime exerçant une souveraineté légitime islamique comme l'ont établi le Prophète et son gendre Ali : la république islamique d'Iran. Ensuite viennent des pays « apparemment » justes mais imparfaits, quoique l'iniquité n'y entache pas le pouvoir : il s'agit de la Libye et de l'Algérie (en 1983). Puis viennent les régimes qui affichent leur corruption : Égypte, Irak, Jordanie, Maroc, Soudan, Arabie Saoudite, Afghanistan ; enfin, les pays ayant un gouvernement impie en terre d'Islam : Palestine, Liban. La coexistence pacifique doit régir les rapports avec le deuxième groupe tandis que les autres doivent être boycottés ou combattus.

Quant au Dar al Cherk, il comprend des territoires promis à la guerre, comme les États-Unis à qui on doit vouer une « haine sacrée ». Le deuxième groupe comprend les pays chrétiens qui ont conclu des accords avec le gouvernement islamique. Le troisième groupe est constitué de pays neutres, telles l'Inde et la Corée : là, il faut venir en aide aux musulmans s'ils sont en difficulté. Deux pays sont particulièrement visés dans cette grille islamique : Israël, État usurpateur de Qods (Jérusalem) — et on note que les islamistes évoquaient de plus en plus leurs « racines » en Palestine. L'autre est l'Irak dont le régime anti-islamique « fait le jeu d'Israël ».

Et, tout comme après 1917 le régime bolchevik avait mis en cause les normes diplomatiques entre États, le régime islamique veut instituer les siennes propres, par exemple en arrêtant les diplomates américains de Téhéran accusés collectivement d'espionnage, ou encore en violant les conventions de Genève sur la sécurité des prisonniers de guerre. Mais ce même régime recourt aux tribunaux internationaux pour dénoncer l'utilisation par l'Irak de bombes contenant du gaz moutarde. Par la voix de Radjai Khorassan, son ambassadeur à l'ONU, l'Iran condamne en 1984 la conception des droits de l'homme que défendent les Nations unies. « Les conventions et résolutions d'organisations internationales qui sont contraires à l'Islam n'ont aucune validité en république islamique d'Iran. Si les États laïcs décident, par exemple, d'élaborer une convention établissant l'abolition de la peine de mort, la république islamique d'Iran n'y voit aucune objection du fait que cette convention ne la liera aucunement. La Déclaration universelle des droits de l'homme illustre une conception laïque de la tradition judéo-chrétienne [...]. Il faut choisir entre violer la loi divine du pays ou les conventions laïques [...]. La république islamique d'Iran, qui s'élève énergiquement contre la torture, considère que les châtiments corporels et la peine capitale ne tombent pas dans cette catégorie lorsqu'ils sont appliqués dans le cadre de l'Islam, sur jugement d'un tribunal islamique. »

Tout comme l'URSS en 1917 avait inventé un nouveau type de relations internationales avec à côté de son armée, de sa diplomatie traditionnelle (et de ses principes tels le refus des traités secrets), ses partis communistes dépendant du Komintern, — de même l'Iran khomeinyste utilisa à côté de sa diplomatie et de son armée une arme de troisième type : les minorités chiites qui, en Irak et plus encore au Liban, jouèrent le rôle de cheval de Troie de la révolution islamique. Mais, tout comme la guerre avait contribué à iraniser un régime qui se voulait islamique, ces chiites de l'extérieur accentuèrent le caractère spécifique de l'Islam iranien et persan, ce qui contribua à enrayer la contagion de la révolution khomeinyste dans la partie non chiite du monde musulman et à freiner le mouvement de sympathie qu'elle avait suscité jusqu'au Sénégal.

Mais ce fut surtout en Palestine que la création du djihad islamique inspiré par l'Iran redonna un élan aux populations que l'OLP, affaiblie par ses conflits successifs avec la Jordanie et le Liban, ne pouvait plus créer. Il fut le détonateur de la première Intifada en 1987. Simultanément, le Hezbollah, ce parti-milice du Liban, lançait ses premières attaques suicides contre les contingents français et américains de la force internationale, et recourait aux prises d'otages de ressortissants sur lesquels Téhéran voulait faire pression (1982-1988).

Les suicides de dizaines de milliers de Bassidjis dans la guerre contre l'Irak, ceux des « kamikazes » du Liban, voilà qui annonçait, après les détournements et prises d'otages, les nouvelles formes de la guerre sainte. Autant que l'Occident et les États arabes laïcs, elle visait les États impies, telle l'Arabie Saoudite, quelle que soit leur prétention d'incarner eux aussi la régénération de l'Islam et de contribuer à l'instauration de régimes islamistes. Cette guerre avait déjà été déclarée à Sadate, « l'apostat de l'Islam, nourri aux tables de l'impérialisme et du sionisme », coupable d'avoir signé la paix avec Israël, assassiné par des extrémistes islamistes en 1981, un meurtre qui n'entraîna pas pour autant le soulèvement de l'Égypte.

En Syrie, avant même la révolution iranienne, la guerre sainte a été déclarée au Ba'th, laïc, antisunnite, socialisant et soutenu par l'URSS. À la tête du pays, les frères Assad, d'origine alaouite, ce rameau du chiisme très minoritaire, sont visés dans un attentat perpétré par les Frères musulmans à l'école d'artillerie d'Alep qui se solde par la mort de 83 cadets systématiquement choisis parmi les Alaouites de la promotion (juin 1978). Synchrone de la révolution iranienne, ce coup vise « la façade civile sunnite du régime et sa façade militaire alaouite », rejetées tout d'un bloc. Terrible, la répression s'achève par les massacres de Palmyre (500 morts), le bombardement et la mise à mort de centaines de prisonniers de la ville de Hama ; le pays avait manqué se soulever, sauf Damas, le monde du commerce et une partie des ruraux : il y eut près de 15 000 victimes, et, fin 1982, le mouvement islamiste était brisé.

Un texte de la revue intégriste égyptienne *Al Da'wa* résume la position des Frères musulmans qui, bien que sunnite, rejoint par bien des points celle de l'ayatollah Khomeiny : « [... pour arriver au pouvoir] la confession nosaïri [alaouite] a tiré tout le parti de cette occasion en or que lui fournissait la *da'wa* nationaliste arabe, une idée inspirée par le colonialisme croisé [c'est-à-dire occidental] et sioniste à tous ses agents parmi les musulmans et les esprits vindicatifs des autres confessions [c'est-à-dire les chrétiens de Syrie et du Liban...]. Le parti Ba'th socialiste a joué un rôle capital dans l'exécution du complot croisé-impérialo-sioniste en Syrie et dans la nation arabe. La fondation du parti — par un Alaouite, Zaki al-Arsouzi, et par un Grec orthodoxe, Michel Aflaq — est la mauvaise graine dont est issu l'arbre qui a donné à la nation arabe le fuit amer de la défaite et de la trahison en 1967. [...] Arsouzi portait aux nues la période anté-islamique qu'il appelait "l'âge d'or des Arabes" [...]. Ils avaient fait de ce parti un pôle de regroupement des minorités qui voilent leur haine à l'égard de l'Islam, tels les Nosayris*, les chrétiens, les Druzes et les Ismaéliens* ».

Une nouvelle figure du terrorisme

« Je pense que de toutes les surprises, dont la plupart ont été de mauvaises surprises, de la guerre du Liban, la plus dangereuse a été de voir les chiites sortir de leur bouteille. » Ce propos d'Itzhak Rabin date de 1985, quatre ans avant la révolution islamique en Iran. L'Histoire rend justice à son diagnostic : un autre l'accompagnait : « Lutter militairement contre le terrorisme est une absurdité. »

De fait, le dédale des organisations communautaires et militaires libanaises allait se trouver encore moins maîtrisable du fait de la montée en puissance de la communauté chiite avant même que n'éclate la guerre civile : son Mouvement des déshérités, créé par Moussa Sadr, est très contestataire, dans l'esprit chiite, et dès 1975 son organisation militaire, Amal, combattait à la fois les Israéliens s'ils franchissaient la frontière et les Palestiniens jugés trop encombrants. Son allégeance à Khomeiny apparaît dès 1978, et il fonde une République islamique à Baalbek avec, comme slogan, « détruisons Israël ».

Plus directement sous la coupe des ayatollahs, le Hezbollah, une organisation clandestine, se dissout et resurgit, dans la tradition chiite ; il se dénomme « le Parti de Dieu » et s'efforce, comme l'OLP, de résister à la colonisation du Liban par la Syrie. Mais c'est évidemment Israël dont il faut se débarrasser avant de s'en prendre aux ennemis de Dieu. Le djihad islamique qui en émane est une force militaire favorable à Téhéran. Son originalité ? Il systématise une nouvelle forme de terrorisme.

Jusqu'alors, le terrorisme pratiqué dans le monde oriental correspondait à un modèle apparu à la fin du XIXe siècle et qu'avaient pratiqué les minorités chrétiennes contre l'État ottoman : Bulgares, Macédoniens, Arméniens. Ce modèle fut repris par les Juifs de Palestine contre les Anglais, par les Palestiniens contre ces mêmes Juifs avant et après 1948. À leur manière, les mouvements nationalistes d'Afrique du Nord, l'algérien surtout, se sont conduits jusqu'à l'indépendance conformément à ce modèle.

Dans une première phase, on s'en prend aux monuments symboliques de l'oppresseur : attaque de la Banque ottomane de Constantinople par les Arméniens en 1901, de la Haganah juive contre le QG anglais à Jérusalem en 1947, des établissements officiels français par le FLN en 1954, etc. Cette phase s'accompagne de l'assassinat des personnalités susceptibles de négocier un compromis : du roi Abdallah de Jordanie par les hommes de Hussein le grand muphti en 1948, du comte Bernadotte, envoyé de l'ONU, par l'Irgoun juif, de Sadate par les Frères musulmans, de Rabin par un extrémiste juif, etc.

Un deuxième axe de ce terrorisme première manière consiste à viser de simples citoyens de la communauté adverse, sans responsabilités, pour lui signifier qu'elle devra quitter le territoire : attaque d'un autobus d'instituteurs en Algérie, d'un kibboutz en Israël, etc.

Les attentats aveugles qui font des victimes tant chez les colonisateurs que chez les colonisés, parmi les Israéliens comme parmi les Arabes de Palestine, signifient, au fond, que la souveraineté a changé de camp, que le pouvoir est entre les mains de ceux qui lancent les bombes, que c'est à eux qu'il convient désormais de se soumettre et d'obéir. L'instance terroriste revendique l'attentat et déplore les victimes innocentes.

D'où qu'elles émanent, y compris des Irlandais contre les Anglais, les formes sont similaires. La première variante se produit après 1967 lorsque les Palestiniens de l'OLP ou de sa dissidence jugent que, les États arabes se montrant impuissants à résoudre leur problème, ils ne peuvent compter sur eux qu'à titre précaire ; et que, faute d'armée pour reconquérir le territoire, il leur faut porter le terrorisme hors de Palestine et frapper ailleurs les intérêts de l'ennemi. « Il faut dire au monde que nous existons toujours », explique Salamah, un des participants du drame de « septembre noir ». La première de ces opérations est la capture des athlètes israéliens aux jeux Olympiques de Munich en 1972, les opérations suivantes étant prises en charge par Georges Habache et Waddi Haddad tandis qu'Abu Nidal, un maoïste, assure la fourniture d'armes en provenance de Chine alors à cette époque. Les détournements d'avion constituent la forme privilégiée des opérations terroristes : Xavier Raufer a établi l'inventaire détaillé et critique des 168 actions de ce type organisées entre 1968 et 1976.

Il y en eut d'autres, également dramatiques et spectaculaires, comme le détournement de l'*Achille Lauro* en octobre 1983 et l'exécution des touristes qui se trouvaient à bord. Dans le cadre de ces attaques qui relevaient du conflit israélo-palestinien, les réseaux d'Abou Nidal utilisaient des services consulaires amis, et souvent des diplomates constituaient des victimes désignées pour faire l'objet d'un échange ou d'un autre chantage, à moins que des ministres « traîtres » ne fussent directement assassinés. En tout cas, selon la conjoncture politique, les régimes de Bagdad, de Damas ou de Tripoli jouèrent un rôle dans la gestion de ces nouvelles formes de terrorisme.

Mais, comme l'avait bien vu Itzhak Rabin, l'intervention des chiites transforma la nature des luttes terroristes. Non seulement parce que l'Iran leur sert de sanctuaire, mais parce que, traditionnellement, le chiisme porte en lui une exigence de sacrifice que ne connaissent pas les autres mouvements révolutionnaires. Celui des socialistes-révolutionnaires russes était différent puisque, au lieu de procéder à des opérations suicides, ils se rendaient à la police après un attentat ; en outre, ils évitaient de procéder à des actes qui eussent fait des victimes innocentes. Chez les chiites, la tradition de résistance au pouvoir, toujours jugé illégitime, avait sécrété une pratique du secret (*takiya*) et une capacité d'attente qui se retrouve dans les « réseaux dormants », prêts à agir en toute circonstance. L'utilisation des voitures piégées, conduites par des candidats au martyre, apparaît avec l'entrée des chiites dans la lutte armée. En 1982, au Mount Royal Hotel de Londres, un jeune Arabe se fait sauter avec sa bombe : à Beyrouth, des affiches de l'organisation A-15 (en souvenir du 15 mai 1948, premier jour de la résistance à l'État israélien), revendiquent l'attentat.

On a pu faire remonter cette tradition de l'attentat suicide aux Assassins, ces Ismaéliens du XIIe siècle qui combattaient les ennemis de Dieu à partir, précisément, de ces montagnes de Perse puis de Syrie et du Liban ; quoi qu'il en soit, ces attentats attestent d'un changement radical dans la pratique du terrorisme. En premier lieu, seuls des musulmans, chiites au départ, mais depuis appartenant à d'autres familles de l'Islam, participent à ces actions — alors qu'auparavant, dans les camps d'entraînement palestiniens, en Palestine ou ailleurs, des non-musulmans révolutionnaires luttaient aux côtés d'Arabes, de Kurdes, d'Arméniens de l'Asala. Autre changement, le raffinement des opérations montées par de jeunes diplômés que l'on retrouve plus tard à Al Qaïda, l'organisation de Ben Laden. Troisième changement, associé au 11 septembre, la participation centrale des États-Unis et l'insertion de l'URSS dans la lutte contre le terrorisme, et l'identification, légitime ou non, du terrorisme tchétchène à celui d'Al Qaïda, de celui d'Al Qaïda à celui des Palestiniens.

La révolution islamique avorte en Algérie

Le 5 octobre 1988, une manifestation de jeunes dégénère à Alger ; après divers pillages de supermarchés et agressions contre des bâtiments officiels, ils s'en prirent au drapeau national qu'ils brûlèrent et ils profanèrent les tombes des résistants.

Ces choix symboliques avaient un sens : ils mettaient en cause la société de consommation dont ces jeunes se sentaient exclus, et ceux qui la géraient, c'est-à-dire le pouvoir politique : ce dernier avait instrumentalisé le drapeau de l'indépendance pour conserver le pouvoir et il était corrompu.

Il s'agissait d'une jeunesse pauvre, exclue de la prébende qu'avait distribuée le pouvoir jusqu'alors et elle n'avait pas d'avenir social. En effet, depuis l'indépendance, la rente pétrolière avait permis au régime de Boumediene, mort en 1978, de donner l'illusion d'un mieux-être chèrement gagné. À Alger, vers la fin des années 1970, on était frappé par l'opulence apparente qui régnait en ville : la foule des automobilistes avançait au pas des piétons tant les rues, boulevards, ruelles étaient encombrés ; dans ces voitures, on était surpris de voir des femmes couvertes de bijoux d'argent. Tout se passait comme si une partie de la population urbaine ne vivait que dans la rue ou sur le trottoir, les uns en voiture, les autres à pied, d'autres enfin qui n'avaient eu personne pour « les bien placer », et étaient installés contre les murs pour vendre *Marlboro* et cassettes. C'est que, chez eux, il n'y avait rien à faire : ils étaient cinq ou six par pièce, le régime n'ayant pas répondu à la poussée démographique (55 % de la population avait moins de vingt ans) par une politique de construction appropriée. Plus grave, il n'avait pas su convertir la rente pétrolière en une restructuration de l'économie industrielle. Le socialisme verbal des dirigeants, leur dirigisme avaient conduit non seulement à la faillite de la réforme agraire, mais à une bureaucratisation qui rappelait la déchéance du système soviétique au même moment. La dégradation des immeubles et des lieux publics hérités de la colonisation était une copie conforme, avec une ou plusieurs décennies de décalage, de ce qui se passait dans les complexes d'habitation de Moscou ou de Prague.

Or le retournement de la rente pétrolière, qui s'effondre brutalement après 1985 avec la chute simultanée du cours du dollar et du pétrole, réduit les moyens dont dispose l'État. Cependant, ni l'économie parallèle ni les solidarités familiales ne permettent de trouver les solutions qui mettraient fin aux trafics qui se développent, notamment celui de la drogue. À cela s'ajoute le défi d'une révolution des mœurs diffusée par la télévision venue de France, sous forme d'une relative percée sociale de la femme, défi lancé à une jeunesse masculine désœuvrée. Elle réduit encore plus le territoire qui lui reste, et la femme devient bientôt — avec le régime — le premier bouc émissaire des frustrations que ressentent ces jeunes gens.

Une partie de cette jeunesse, à défaut d'études supérieures, avait au moins été à l'école. Et c'est là qu'à travers la langue arabe, avec des maîtres venus d'Arabie Saoudite ou du reste du Moyen-Orient, les dirigeants de l'époque de Boumediene et ses successeurs ont voulu d'abord défranciser l'enseignement. L'école est ainsi rapidement devenue mosquée, qu'on a réunie aux instances de l'État pour mettre fin à cette « séparation » qui avait été le propre de la République française. L'école s'est trouvée devenir également l'intercesseur qui réintroduisait, par l'arabisation, une islamisation qui avait, au départ, pour fonction de rejeter l'héritage français — et l'héritage laïc avec lui. Elle ouvrait la voie à la mosquée, peu en faveur chez les dirigeants de l'époque de Ben Bella-Boumediene pour ne pas avoir été à la pointe de l'action résistante à côté du FLN. Mais la bourgeoisie pieuse avait su relancer la pratique religieuse, en faisant construire des mosquées, de sorte que, pour bien des adolescents, la mosquée prit bientôt la relève de l'école comme lieu de sociabilité et centre d'activités caritatives grâce aux subsides de l'Arabie Saoudite. Il y était dit, au passage, que la charia réglerait tous les problèmes de société puisque tout est dans le Coran : on lapide les femmes adultères, on coupe la main du voleur comme du corrompu, on impose le *hijab* (voile) aux femmes, et pour résoudre le problème de l'emploi, on libère le commerce que le régime avait entravé.

Que les chars de l'armée de libération aient pu écraser les manifestants du 5 octobre 1988, voilà qui crée un électrochoc auquel ne peuvent mettre fin ni un remaniement ministériel ni la réapparition des partis politiques que le pouvoir autorise, mettant fin au régime du parti unique.

Or, du temps des Français, comme depuis l'indépendance, le peuple algérien avait été privé de politique.

Et désormais trop d'années ont passé pour que se fassent entendre les vétérans de l'indépendance, Aït Ahmed, revenu d'exil, et son Front des forces socialistes, Ben Bella, libéré après la mort de Boumediene, et son Mouvement pour la démocratie en Algérie : un quart de siècle. En outre, ayant oublié que les libertés avaient été supprimées pendant ce temps-là — alors qu'ils en avaient pâti —, ils entrent dans l'arène politique avec un discours sans emploi et une tactique inadaptée : par calcul, ils ne se présentent pas aux élections municipales, les premières vraiment démocratiques depuis l'indépendance, et auparavant aussi d'ailleurs..., ils disent qu'ils attendent les législatives. Or un peuple exclu n'attend pas...

Le souffle des événements d'octobre libère ainsi la mouvance islamique, sans voix politique jusqu'alors mais présente par ses médersas, ses mosquées au temps du parti unique et qui s'exprime subitement dans le FIS (Front islamique du salut) que l'État FLN, en 1988, a, en quelque sorte, trois fois légitimé : d'abord en séparant le parti de l'État, l'armée qui tient le pouvoir se dissociant ensuite du parti ; le président Chadli Ben Djedid ayant reçu, au lendemain des émeutes, l'imam Ali Benhadj, Mohammed Sahnoun et Mahfoudk Nahnah, trois religieux, les reconnaissant en quelque sorte comme interlocuteurs valables.

Ainsi reconverti, l'État-armée se propose de négocier avec le FLN — dont il était l'émanation — et avec le FIS — dont beaucoup de membres provenaient du FLN des origines, tel Abasi Madani. Aux élections municipales de juin 1990, le FIS l'emporte avec 54 % des votants contre 18 % au FLN. C'est un raz de marée. Aux élections législatives de la fin 1991, il perd, certes, un million de voix environ, mais se retrouve néanmoins seul en tête avec 118 députés au premier tour contre 16 au FLN, et avec 47 % des voix.

L'armée démissionne le président Chadli en janvier 1992, elle interrompt le processus électoral et dissout le FIS : militants et élus des municipales sont arrêtés, les mosquées placées sous surveillance — c'est le début de la guerre civile.

Et le terrorisme qui l'inaugure sourd, au départ, de la partie majoritaire de la population.

Dans le court laps de temps pendant lequel il avait représenté la plus grande force politique légale, le FIS avait accompli un geste symbolique : le 1er novembre 1989, il avait refusé de participer à la commémoration de l'indépendance. Il se plaçait ainsi hors de la trajectoire du nationalisme algérien. Comme Khomeiny dix ans plus tôt, il se référait au cadre de l'umma, au monde de l'Islam. Bien que la plupart de ses membres en aient été originaires, il entachait d'illégitimité un mouvement, le FLN, qui avait retourné contre la France coloniale des principes universalistes émanant de la Révolution française, donc impies. Le souvenir français devait être complètement éradiqué, et l'Algérie ne devoir sa liberté qu'à elle-même : « L'Islam est ma religion, l'Algérie ma patrie, l'arabe ma langue. » Tous les intellectuels plus ou moins francisés étaient virtuellement des traîtres, une posture qui, une fois encore, rappelait celle de la révolution islamiste d'Iran : de Téhéran, cette bourgeoisie occidentalisée avait pu plus ou moins émigrer — à moins que des tueurs islamistes n'en aient exécuté quelques-uns dans leur exil, à Paris notamment ; alors qu'en Algérie beaucoup furent assassinés pendant la guerre civile. Au nationalisme autoritaire, à teinte socialiste, doit ainsi succéder un islamisme autoritaire, étant entendu que la démocratie est, elle aussi, impie, comme pur produit de l'Occident. Boumediene l'avait confisquée, le FIS entendait la bannir — ce qui rend compte, au moins pour une part, de l'interdit dont l'armée frappa le FIS et de la « compréhension » qu'exprima une partie de l'opinion occidentale, notamment en France.

Tout comme en Iran — autre similitude —, l'islamisme ne faisait pas, contrairement aux apparences, une irruption inopinée. En Algérie, s'il est clair que les dirigeants du FLN, en 1954, étaient pour l'essentiel laïcs, on a vu que l'Islam leur servait de forteresse en cas de repli. Mais, plus important, ces dirigeants avaient plus ou moins relégué les ulémas et la bourgeoisie pieuse qui les reconnaissait comme l'incarnation de l'identité arabo-musulmane. Lors de leurs scissions diverses, les dirigeants MTLD puis FLN avaient également écarté les messalistes du MNA et Messali Hadj lui-même, traités, comme l'a bien vu Mohammed Harbi, à la façon dont les staliniens traitèrent les trotskistes. Or le FIS considérait l'État-FLN de la même manière que Messali Hadj voyait l'État colonial : il fallait l'éliminer, le déraciner. Par son extrémisme et son imprégnation islamique, le FIS se trouvait ainsi l'héritier du passé antérieur de l'Algérie antifrançaise, une sorte de FLN inversé qui faisait de l'Islam la vraie matrice de la nation. Mais qui, au lieu de s'associer avec Nasser ou au monde arabe, revendiquait la fin de l'État-nation au profit de l'umma et l'héritage de Ben Badis, fondateur des ulémas en 1931.

Cela devait nécessairement susciter des résistances, notamment en Kabylie proclamée « terre étrangère ». Mais, à la différence de l'Iran, en Algérie l'armée ne se rallia pas à la révolution islamique.

Islamiser la modernité

Moderniser l'Islam ou islamiser la modernité

« L'Islam a prescrit que, par une lutte constante, si nécessaire par la guerre et l'effusion de sang, tous les gouvernements corrompus soient balayés. À leur place, on doit instaurer un système de gouvernement juste et équitable [...]. Ce type de gouvernement est propice à l'humanité tout entière. » Ce texte du Pakistanais Sayyid Mawdudi, mort en 1979, induit l'élimination physique des chefs d'État qui maintiennent une situation barbare antérieure à l'Islam. Cet autre texte de Sayyid Qotb, exécuté par Nasser en 1966, lui fait écho : « [...] car la domination de l'homme occidental touche à sa fin, non parce que la civilisation occidentale est matériellement en faillite [...], mais parce que l'ordre occidental ne possède plus cet ensemble de valeurs qui lui a donné sa prééminence [...], le nationalisme et les communautés limitées à un territoire qui se sont développées à l'ère de la révolution scientifique ont achevé leur fonction [...]. *Le tour de l'Islam est venu.* »

Ces textes, qui datent du milieu du XXe siècle, constituent une réponse à cette inversion des rapports de force qui avait traumatisé les mondes de l'Islam et nourri leur ressentiment à l'égard de l'Occident. Ces textes-là et d'autres portaient à la fois sur la pratique individuelle de l'Islam, sur la relation à entretenir avec les idées et les pratiques occidentales, sur la nécessité de reconstituer l'umma, l'unité de l'Islam. Les voies de la régénération et ses formes étaient multiples.

Or toutes étaient loin d'adopter l'ensemble des positions extrêmes de Sayyid Mawdudi.

Dans un ouvrage paru en 1997, et précisément intitulé *Islamiser la modernité*, le Marocain Abdessalam Yassine, qui avait mis publiquement Hassan II en demeure d'appliquer l'Islam de façon plus rigoureuse, ne lance pas ces appels à la guerre et au sang, mais il n'en rejette pas moins un certain nombre de ces innovations que l'Occident met au compte du progrès. Et d'abord l'État-nation, « cette prison », la démocratie, « une mystification » — comme l'ont prouvé les dirigeants algériens en annulant les élections de 1992 et en arrêtant ou déportant les élus au Sahara —, le capitalisme, « une impasse ». Il se pose la question de savoir « si, par ses pratiques propres, l'Islam pourra à la fois reconstituer son unité et relever le défi de s'approprier les moyens modernes de développement et des sciences sans perdre son âme, ou s'il sera obligé, sous la contrainte économique et politique de la mondialisation, de suivre la marche du monde et d'abandonner sur le chemin l'essentiel de son projet ».

On retrouve dans ce « cri d'alerte » adressé à l'homme moderne bien des raisons que la révolution islamique iranienne avait faites siennes, et il importe peu, selon l'auteur, qu'elles émanent du chiisme puisque

(13) « *C'est injuste de m'accuser d'avoir des mœurs féodales, toutes mes femmes se promènent sans* parandja *(grand voile islamique).* »
Krokodil, *n° 24, 30 août 1955.*

l'essentiel est la réunification de l'Islam. Au procès fait à la démocratie et à l'État-nation s'ajoute celui adressé à la laïcité. Yassine observe, en ce qui concerne l'Algérie par exemple, « que le bien long séjour des Français dans ce pays ne leur a pas suffi pour s'apercevoir qu'en Islam il n'existe pas de cléricature, que la séparation entre religion et politique ne s'est jamais posée pour la simple raison que l'allégeance à Dieu ne passe par l'entremise de personne. Or ce qui, en France, était un acquis historique positif, cette laïcité en l'occurrence, a été pour les musulmans l'arme avec laquelle on a détruit et dévasté leur liberté ». Ce que « la loi musulmane avait régulé, la laïcité l'a détrôné au bénéfice de lois faites pour encadrer juridiquement la conquête coloniale ». Or, aujourd'hui, il est des régimes qui se veulent laïcs dans le monde musulman alors qu'il faut expulser cette « intruse » qui menace « leur islamité, l'allégeance à Dieu ».

Ainsi, la laïcité, la démocratie, l'État-nation constituent autant d'inventions de la modernité issues de la Révolution française, et qui ont détruit les sociétés d'Islam et contribuent encore à les aliéner. On observe un écart entre ces propos et ceux des réformateurs du début du XXe siècle qui, tel al-Afghani, recherchaient dans la pratique politique de l'Occident les instruments de libération du joug des colonisateurs et de résistance, notamment par la constitution d'États-nations forts, à la concurrence mortelle de l'Occident. Cette rupture remonte aux décennies qui ont suivi la chute du califat, à la naissance des Frères musulmans en 1928, persécutés par Nasser, libérés par Sadate qu'ils ont assassiné en 1981.

Ces actions, ces voix, ces analyses émanent du Pakistan, d'Égypte, du Maroc : elles disent la multiplicité des foyers de l'intégrisme. Sans doute, comme on l'a vu précédemment, le monde de l'Islam est saisi d'autres tentations, moins hostiles à l'Occident, pacifiques et œcuméniques. Il reste que, toutes réunies, elles montrent que le retour de l'Islam militant a accompli de grands progrès.

On observe que ces discours sur l'Islam ou sur l'Histoire n'émanent plus seulement des ulémas férus de lecture coranique, mais volontiers compromis avec le pouvoir ; ni d'intellectuels qui ont utilisé la pensée occidentale pour mieux la retourner contre le colonisateur. Ces militants de l'Islam contemporain appartiennent à des milieux instruits par l'enseignement coranique mais ouverts aux diverses innovations de la science et de la technique. Leur origine et leur statut social sont variés. Ils réinterprètent les textes traditionnels mais de façon révolutionnaire, tel Abdelssalam Faraj, idéologue du groupe

(14) *La page des enfants dans* Al-Da'wa *: « Apprends à connaître les ennemis de ta religion. » Ici, Herzl. En haut, de gauche à droite : Asad, Brejnev, Begin, Nasser, l'étoile de David, la statue de la Liberté, la faucille et le marteau, et Atatürk.*

des assassins de Sadate utilisant les écrits d'Ibn Taimiyya (XIIIe siècle) pour rendre légitime son action « contre un prince impie ».

La page des enfants dans *Al-Da'wa* (le message), organe des Frères musulmans édité au Caire à partir de 1951, et clandestin depuis 1954, est intitulée « Apprends à connaître les ennemis de ta religion ». Un doigt vengeur désigne Herzl, père du sionisme, et les figurines qui le coiffent sont, de gauche à droite, celles d'Assad de Syrie, Brejnev, Begin, Nasser, l'étoile de David, la statue de la Liberté, la faucille et le marteau, Atatürk. Parmi ces ennemis, on retrouve ainsi d'un côté l'URSS et ses symboles et alliés supposés, morts ou vivants, tels Assad de Syrie et Nasser, et de l'autre Israël et les États-Unis, leur allié ; enfin Atatürk, mort en 1938, qui supprima le califat et institua la laïcité.

Antérieur au voyage de Sadate à Jérusalem en 1977, le dessin ne fait pas figurer le successeur de Nasser. Il ne fait pas figurer non plus Faysal d'Arabie, ami des Frères musulmans et dont la piété noue alors une alliance sans complexe avec le pétrole roi. Quels en sont les données, les objectifs ?

La sainte alliance de la foi et du pétrole

C'est au lendemain de Diên Biên Phu, en 1954, que le FLN algérien, jugeant l'armée française vulnérable, avait donné le signal de l'insurrection. C'est au regard de l'embourbement des Américains au Vietnam en 1973 que les États arabes, lors de la guerre du Kippour contre Israël, jugent que, malgré leur amitié avec les Américains, ils ont la possibilité et l'occasion de leur donner un avertissement. Estimant qu'ils sont trop favorables à Israël, le roi Faysal d'Arabie décide le 20 octobre 1973 un embargo total sur les livraisons destinées aux Américains. Ce qui allait susciter la première grande crise pétrolière de l'Histoire.

Jusqu'alors, la religion n'était entrée pour rien dans les conflits qui s'étaient noués autour du pétrole du Moyen-Orient. L'accord conclu entre Roosevelt et Ibn Seoud en 1945 marquait l'insertion concurrentielle des États-Unis dans le champ des intérêts britanniques et une manière pour l'Arabie de s'en dégager tout en accroissant ses ressources. La résistance de Mossadegh en Iran et la nationalisation des pétroles de ce pays en 1951 s'encadraient dans une politique anti-impérialiste, ce que les mondes musulmans perçurent comme tel. En 1956 à Suez, la décision de Nasser eut certes des effets sur le problème des livraisons de pétrole — puisqu'il fut décidé par les compagnies de construire des pétroliers géants afin de rentabiliser le contournement de l'Afrique —, mais cette crise fut temporaire ; le conflit avait, lui, aussi une portée essentiellement anti-impérialiste, tout en visant à l'unification du monde arabe. Pas plus que la crise iranienne de 1951-1953, le jeu de bascule de Nasser entre les États-Unis et l'URSS ne manifeste la moindre intonation religieuse.

Ce qui change du tout au tout pendant les vingt années qui séparent cette crise iranienne du premier choc pétrolier, c'est, outre l'affaiblissement des positions néo-impérialistes dans le Golfe — les Anglais quittent Aden, la puissance du Chah augmente —, la part de plus en plus grande du Moyen-Orient dans la consommation mondiale du pétrole : elle atteint 32 %, la demande étant passée de 19 000 barils à 44 000 tandis que baisse la production américaine. Le rôle du pétrole en cessera de croître pendant cette période, le nombre des automobiles ayant augmenté de 18 à 161 millions. Simultanément, l'extraction du charbon devenait de moins en moins rentable, et, dans le monde occidental, ce vieux roi de l'industrie est alors définitivement détrôné.

Dans ce contexte où les besoins de pétrole s'accroissent et deviennent impérieux, où les compagnies indépendantes prolifèrent — au Moyen-Orient, il y en avait 9 en 1949 et 81 en 1970 —, où la Libye de Kadhafi nationalise à son tour, la partie devient de plus en plus serrée pour les Américains, coincés entre les exigences du Chah — qui joue de l'alternative d'une alliance avec l'URSS — et celles de l'Arabie Saoudite que défend son ministre du Pétrole Ahmed Zaki Yamani. Premier résultat : les compagnies ont dû desserrer leur étreinte à l'avantage des États qui se sont organisés dans l'OPEP et fixent désormais ensemble le prix du pétrole.

Tout cela rend compte du supplément de puissance qu'acquièrent les États pétroliers du Golfe que domine la rivalité entre l'Iran et le royaume de Riyad, forme renouvelée du conflit millénaire entre les Persans et les Arabes. Encore mieux lotie que l'Iran, l'Arabie Saoudite voit sa richesse financière grossir démesurément. Mais, en même temps, pour ces deux pays associés aux États-Unis, une menace très grave croît depuis 1952 : la montée de Nasser et son ambition de ressusciter l'unité arabe. En premier lieu, on y voit un ferment révolutionnaire tant il sollicite l'appui de l'URSS, qu'il obtient. En outre, l'Iran voit renaître l'hydre d'un monde arabe réunifié à ses portes.

L'Arabie Saoudite n'est pas la moins menacée. Pas tant par la mainmise de Nasser sur le Yémen voisin sous couvert de République arabe unie, mais qui, de fait, fut provisoire, que par un défi beaucoup plus grave et celui-là mortel. Si l'Égypte s'unit à la Syrie dans une République arabe unie incarnant l'unité du monde arabe, que reste-t-il à l'Arabie, terre originelle des Arabes, sanctuaire des Lieux saints et mère de l'Islam ? Que deviendrait la spiritualité dans le socialisme nassérien, même si le nassérisme ne cesse de chercher une légitimation islamique ? Face à cette concurrence de l'unité arabe, à cette menace d'une nation arabe, le roi Faysal va jouer une carte beaucoup plus vaste, le monde de l'Islam.

La chronologie est parlante. En 1962, lorsque se crée l'Union économique arabe entre l'Égypte, la Syrie, la Jordanie, le Koweït et le Maroc, et à laquelle adhéreront plus tard l'Irak, le Soudan, le Yémen, le Cheikh Mohammed Surur Esaban jette les bases de la Ligue du monde musulman avec sa revue *Muslim World League* et l'appui du Pakistan. Cette alliance entre l'Arabie Saoudite et le Pakistan perdure en 2001.

Bien sûr, la constitution de cette Ligue était préconisée depuis longtemps par les congrès islamiques de 1926, 1931, 1935, mais elle n'a pris son sens qu'avec la menace nassérienne, double puisque, d'une part, le Bikbachi débarque des troupes au Yémen et, d'autre part, lance les émissions *Les Ennemis de Dieu* contre les princes de Riyad.

Les Américains avaient reconnu la république du Yémen, associée à l'Égypte, pour autant qu'ils continuaient à juger que le nationalisme nassérien constituait la meilleure barrière contre l'expansion soviétique. Mais le roi Faysal avoue ne pas comprendre cette politique qui « pour faire échec au communisme [...] amène l'URSS en Égypte, en Algérie, au Yémen ». Il est vrai que Nasser n'avait pas non plus compris en 1956 le retournement américain à propos de l'intervention franco-anglo-israélienne à Suez. Estimant néanmoins que le danger principal, pour le royaume, venait du « progressisme » de Nasser, que les États-Unis n'étaient pas fiables et que seul le pétrole et la glorification de l'Islam pouvaient lui permettre de les tenir à distance, Faysal se fit l'avocat d'un Islam offensif et régénérateur. Ce fut ainsi lui qui se fit le *catalyseur* de cette sainte alliance entre le pétrole et la religion (G. Corm), l'appel à l'entité islamique devant prendre, plus tard, la figure de l'islamisme.

Suite à la défaite arabe dans la guerre des Six-Jours (1967), de l'éclatement du projet d'unité arabe, ainsi libéré du nassérisme — le Bikbachi meurt en 1970 —, le royaume de Seoud prend en main ce double destin du pétrole et de la foi. Associé aux autres pays regroupés dans l'OPEP, son pilote Ahmed Yaki Zamani assure à l'Arabie des revenus prodigieux : en 1973, avant l'embargo, ils rapportent à Riyad 4 milliards de dollars ; en 1980, contrôlant mieux le marché, 102 milliards de dollars. Certes, il y aura un retournement ensuite, le prix du baril oscillant en fonction des intérêts rivaux, mais la manne ainsi réunie permet au budget saoudien d'alimenter la régénérescence de l'Islam, qui s'affirme désormais tous azimuts. C'est le Trésor de l'Arabie qui subventionne les mosquées et les médersas, les activités caritatives musulmanes, de l'Algérie à la Malaisie et jusqu'en France, avant de venir en aide aux Afghans pour repousser l'invasion soviétique.

Mais le développement de l'industrie pétrolière et l'essor des banques qui l'accompagne ont eu pour effet pervers de déstabiliser l'équilibre social traditionnel, d'aliéner toute une partie de la population, d'induire une modernisation synonyme de concussion et de scandale, et de raidir plus encore le wahhabisme officiel qu'incarne le corps des ulémas.

Tout se passe comme si les dirigeants de l'Arabie Saoudite avaient oublié l'avertissement de celui qui fut à l'origine de leur soudaine richesse, Abd el-Aziz Ibn Seoud, en 1948 : « Mon royaume ne survivra que dans la mesure où il demeurera un pays d'accès difficile, à la vie rude et inconfortable, et où l'étranger, fût-il musulman, n'aura d'autre aspiration, sa tâche accomplie, que de le fuir. Sans doute faudra-t-il un jour construire des routes, des hôtels, des forts, des écoles, des hôpitaux, des aérodromes [...]. Mais qu'adviendra-t-il du royaume lorsqu'il sera la proie d'experts, d'administrateurs étrangers, plus prompts à condamner nos modes de vie ou de pensée qu'à nous apporter le concours de leurs techniques ? On ne peut pas sortir du Moyen Âge et entrer de plain-pied dans le XXe siècle sans une longue préparation, tout particulièrement lorsqu'on s'assigne comme objectif essentiel le maintien d'une philosophie immuable. »

Une autre sainte alliance

Il existe ainsi, dans le dernier quart de siècle, une logique des alliances avec, d'un côté, les États-Unis et le Pakistan qui ont l'URSS et l'Inde comme adversaires associés. Après 1979, l'Afghanistan a pu chasser l'envahisseur soviétique grâce, précisément, à cette aide américano-pakistanaise. L'heure était venue, jugèrent les dirigeants pakistanais, de reprendre la lutte pour le Cachemire. Ce qui les conforte dans leur détermination, c'est que l'islamisation de leur propre régime ne porte pas atteinte aux intérêts américains, contrairement à ce qui s'est passé en Iran.

Au Pakistan en effet, la montée islamique s'était effectuée sous le drapeau du parti de Mawdudi, le Jamaat-I-Islami qui l'emporte peu à peu sur le parti du peuple pakistanais d'Ali Bhutto, lequel entendait concilier socialisme, Islam et démocratie. Il est renversé par le général Zia ul-Haq qui islamise par étapes les institutions en s'assurant de l'appui de son intelligentsia : examen des lois existantes pour vérifier leur conformité à la charia, introduction des châtiments corporels — ablation des membres des voleurs, lapidation des femmes adultères, etc. — et, surtout, islamisation de l'enseignement en confiant aux ulémas les plus rigoristes — les Deobandis — un pouvoir accru sur la jeunesse pauvre ou réfugiée d'Afghanistan. Les élèves des médersas s'appelaient les « taliban »...

Sa légitimité ainsi assise, Zia resserra ses liens avec le vieil allié américain dans leur combat commun. C'est dans ces années 1980 que la CIA et son homologue pakistanais, l'ISI, établirent une collaboration étroite. L'exécution de Bhutto, l'initiative de doter son pays de la bombe atomique avaient quelque peu refroidi les rapports avec les États-Unis : Zia surenchérit dans son aide aux Afghans contre les Soviétiques en leur servant de base arrière et en armant leurs combattants grâce à « l'héroïne de la liberté ». Concocté par Brzezinski, un accord prévoyait que l'aide américaine transiterait par le Pakistan mais sous le sceau du secret absolu. Sadate accorderait des facilités pour ce transit. C'est par ces diverses routes qu'affluèrent les Stinger. Pour l'emporter, cette opération présupposait, d'une part, que les États-Unis laisseraient le contrôle de l'Afghanistan au Pakistan, d'autre part, que la Chine fermerait les yeux sur les avancées de son allié.

De fait, l'Inde ne cessait de contester la présence chinoise au Tibet. Par précaution toutefois, et pour l'éloigner un peu plus de l'URSS, Jimmy Carter chargea Harold Brown d'une mission de bons offices : en échange de l'installation de sites pour satellites qu'équiperaient les Américains au Xinjiang, la Chine ferait passer des armes par le corridor de Wakhan, cette crête de haute montagne qui l'unit à l'Afghanistan et que l'URSS annexa purement et simplement au Tadjikistan en accord avec Babrak Kârmal pour prévenir ce trafic : désormais, ces armes arrivèrent par la mer, *via* Karachi, sur des navires pakistanais.

Ainsi, une sainte alliance, téléguidée du dehors, *from without*, par les États-Unis, se constituait contre l'URSS, dont le Pakistan était le pivot, soutenu par l'Égypte et l'Iran du Chah d'un côté, par la Chine de l'autre, tandis que l'Inde essayait de la contrer. Mais, alors que l'Égypte, avant que Sadate ne soit assassiné en 1981, était suspendue de la Ligue arabe à cause de son accord avec Israël (qui ne faisait aucune mention du sort des Palestiniens mais lui restituait les territoires occupés par Tsahal), alors que la connivence entre les États-Unis et l'Arabie Saoudite suscitait l'attaque de la grande mosquée de La Mecque par des extrémistes islamistes, un événement d'une importance inouïe avait lieu : la révolution islamique en Iran.

La chute du Chah porta un coup à la sainte alliance, mais elle ouvrit un boulevard politique au roi d'Arabie qui put alors lutter contre l'Islam rival en aidant par tous les moyens les insurgés afghans. Les mannes financières saoudiennes lui valaient un certificat de bonne conduite islamique et lavaient les soupçons de corruption dont Khomeiny et Saddam Hussein, mais aussi les radicaux islamistes — tous d'accord sur ce point — accusaient les princes saoudiens.

L'Arabie Saoudite finança les volontaires, bientôt dénommés « Afghans », qui partirent mener cette nouvelle guerre sainte à l'appel au djihad qu'avaient lancé les ulémas. Djihad défensif puisque l'Afghanistan était envahi, et auquel n'importe quel individu devait répondre. Parmi eux figurait une des fortunes de l'Arabie Saoudite, Oussama Ben Laden.

L'héroïne de la liberté

Ad augusta per angusta... Pour les dirigeants américains, Zbigniew Brzezinski en particulier, tout était bon pour vaincre l'Empire du Mal, l'Union soviétique.

Dès lors, on ne se demande plus pourquoi, en 1979-1980, les Américains ont supprimé l'Afghanistan de la liste des États dont il fallait surveiller la production et la vente de cocaïne. C'est en effet à partir de cette date que la cocaïne échangée contre des armes au Pakistan, les trafiquants de drogue, importateurs d'armes, sont devenus des « combattants de la liberté », en l'occurrence contre l'Union soviétique.

Également, on ne se demande plus pourquoi, ces années-là, le service antidrogue américain (DEA) a été peu à peu dessaisi de sa compétence par la CIA de William Casey. De fait, tandis que d'un côté Carter puis Reagan menaient des opérations contre la mafia colombienne, de l'autre ils laissaient les Afghans utiliser la drogue dans leur lutte contre les communistes. En vérité, si cette drogue a servi, d'abord, à l'achat des armes, elle a été utilisée ensuite pour intoxiquer les Russes à la façon dont, au Vietnam, les *marines* eux-mêmes avaient été gagnés par cette dépendance aux narcotiques. En 1989, les Soviétiques évaluaient la production de cocaïne à 800 tonnes, soit plus que la production additionnée du Pakistan et de l'Iran.

Les divisions de l'Islam

La tradition orientaliste férue d'histoire de l'Islam a toujours pris soin de distinguer le sunnisme du chiisme, ces deux grandes familles de l'Islam. De fait, leur rivalité a nourri bien des conflits, tant au début de la conquête arabe qu'après que les Chahs de Perse eurent adhéré au chiisme au XVIe siècle, donnant une vitalité nouvelle au conflit entre Arabes et Persans — encore qu'une bonne partie des musulmans de l'Irak, de la Syrie ou du Liban, ces Arabes, fussent chiites eux aussi. Pourtant, ce schisme ne rend pas compte de tous les aspects des conflits ni des grandes secousses que les mondes de l'Islam ont connus depuis deux siècles.

Face aux blessures que causait l'occupation de l'étranger ou sa domination, les réformistes de la fin du XIXe siècle et des débuts du XXe ont quelque peu ignoré ce clivage. Pendant la période de recueillement que l'islamisme a connue à l'époque où triomphait l'idéal nationaliste, ce schisme survivait, certes, mais comme anesthésié. Brutalement, la révolution islamique en Iran l'a ressuscité pour deux raisons différentes : en Arabie Saoudite, le wahhabisme orthodoxe des Lieux saints a craint la renaissance conquérante et subversive du chiisme comme une menace pour son hégémonie ; les États à minorités chiites et champions de la laïcité — l'Irak et la

Syrie avant tout — ont pu craindre que la propagation de la révolution khomeinyste ne fasse éclater leur régime et ne subvertisse l'ensemble du monde arabe.

Pourtant, la remontée de l'islamisme signait la faillite relative des États-nations, ou du moins de leurs dirigeants. Ils n'avaient pas su construire l'avenir de sociétés anciennement libres ou qui venaient de gagner leur indépendance, ce qui rapprochait, par la violence de leurs mouvements contestataires, le cas de l'Égypte, de l'Iran et de l'Algérie. En Tunisie, ces islamistes ont été réduits au prix d'atteintes aux libertés démocratiques.

Ainsi, c'est dans les sociétés qui étaient les plus sécularisées, avec la Turquie, que l'islamisme était le plus vigoureux. On constate également que, bien que chiite, la révolution islamique iranienne préconisait l'application des grandes idées qui se retrouvaient aussi bien chez les Frères musulmans. Cette conjonction apparaît au début des années 1980. À ceci près que, héritiers de la Perse, les dirigeants de Téhéran entraient en conflit avec le Pakistan à propos de l'Afghanistan. À ceci près encore qu'en Irak les Arabes n'accepteraient pas qu'un chiite pût régner à Bagdad.

L'effondrement de l'URSS, après la chute du mur de Berlin, n'a pas modifié du tout au tout la politique américaine qui, au titre de la menace expansionniste des Soviétiques — attestée par l'invasion de l'Afghanistan —, avait construit toute une stratégie que la révolution islamique de l'Iran avait quelque peu perturbée. Mais la libération de l'Afghanistan ne s'en accompagna pas moins d'une montée de l'antiaméricanisme dans les opinions publiques musulmanes, voire chez les dirigeants. Cela s'était manifesté avec la prise d'otages américains à

Téhéran, puis avec l'attaque contre les forces américaines débarquées à Beyrouth en 1983. Leur soutien au Chah et, plus encore, à Israël alimentait ce ressentiment que la rue exprima violemment, sinon tous les gouvernements, économiquement associés aux États-Unis.

Le retournement du prix du pétrole au milieu des années 1980, dont les effets ont révélé, entre autres, les erreurs de la politique économique algérienne, a eu des conséquences graves dans la plupart des pays. On constate que les banques islamiques créées à la fin des années 1970, telle la Faisal Islamic Bank, et qui entendaient fonctionner suivant des principes spécifiques, par exemple en rejetant l'intérêt sur l'argent considéré comme de l'usure, ont rencontré de grosses difficultés dès 1986 et ne se développent plus : les souscripteurs égyptiens et saoudiens sont les plus touchés après les succès initiaux. L'Irak est également très atteint, mais par les dettes qu'a entraînées sa guerre avec l'Iran. Les difficultés de Saddam Hussein rendent compte, en partie, de son agression contre le Koweït dont les ressources pétrolières devaient l'aider à redresser la situation. Jusqu'alors l'Irak n'était pas particulièrement en mauvais termes avec les États-Unis, bien au contraire, pour autant qu'il avait établi un barrage à l'expansion de l'Iran révolutionnaire. Son annexion du Koweït change la situation du tout au tout car elle menace l'équilibre pétrolier dans la région, le mécanisme de fixation des prix notamment. Enfin, cette violation des frontières, cette irruption des forces de Saddam Hussein, peut mettre fin au régime saoudien qui ne semble pas de force à résister à l'armée irakienne.

Le roi Fahd en appelle à la protection militaire des États-Unis — pour Ben Laden un sacrilège, une trahison — ils rendent le Koweït à son indépendance, mais ne vont pas jusqu'à occuper Bagdad dans la mesure où l'effondrement du régime porterait en lui deux facteurs de déstabilisation du Moyen-Orient : l'éventualité d'un régime chiite à Bagdad et l'occasion pour les Kurdes d'Irak et de Turquie de constituer un État indépendant — ce qu'Istanbul, allié traditionnel des Américains, ne veut envisager en aucun cas.

Saddam Hussein s'adresse alors à ses « frères arabes croyants et musulmans », lançant un appel, tout laïc et ba'thiste qu'il soit, « pour sauver La Mecque de l'occupation étrangère et des familles funestes ». Seuls le Yémen, l'OLP, le Soudan, où un putsch avait hissé au pouvoir un islamiste sunnite — exemple unique —, répondent à cet appel. La plupart des autres États, derrière l'Arabie, le rejettent.

Ce n'était plus seulement le monde arabe qui était divisé, mais l'Islam.

Dix ans plus tard, les attentats du 11 septembre ont rendu visibles d'autres fractures. Ils ont contraint les États-Unis à procéder à une douloureuse conversion. En Afghanistan s'était instauré un régime fondamentaliste cruellement puritain, wahhabite, nationaliste pachtoun mais sans projet d'expansion révolutionnaire comme l'était l'Iran de Khomeiny. Au plus, avant de reconnaître le régime taliban, à la suite de l'Arabie Saoudite et du Pakistan, les Américains lui demandaient plus de souplesse dans le traitement réservé aux femmes. Or, au nom de la législation islamique et de ses liens avec Ben Laden — une de ses épouses est la fille de Ben Laden —, le mollah Omar refusa également d'extrader le leader d'Al Qaïda soupçonné d'être le commanditaire des attentats d'Aden (1992), de Nairobi et de Dar es-Salam (1998). Or, jusque-là, le département d'État avait freiné les enquêtes du FBI et de la CIA. Celles-ci avaient révélé les liens qui unissaient les magnats princiers d'Arabie Saoudite avec l'organisation Al Qaïda et qui n'avaient pas été reconsidérés au regard de sa participation à la lutte des Afghans contre l'envahisseur soviétique. Elles auraient également montré l'imbrication des intérêts américains dans les institutions financières islamiques. Les négociations avec les taliban étaient-elles sur le point d'aboutir ? Elles interféraient avec celles qui se menaient au même moment sur le projet de pipe-line en provenance du Turkménistan et pour la conclusion d'un armistice entre le mollah Omar et l'Alliance du nord du commandant Massoud. Au terme de cette négociation, le gouvernement taliban, reconnu exclusivement par le Pakistan et l'Arabie Saoudite, recevrait sa consécration internationale. Entreprise sous Clinton, elle avait repris début 2001 avec l'administration Bush.

Après le 11 septembre, les taliban ne livrant pas Ben Laden, leur sanctuaire constitua la première cible des Américains. Parrains de ce régime, avec le Pakistan et l'Arabie Saoudite, il leur faut le sacrifier. Mais ils lui substituent un régime à leur convenance, alors que, pour le Pakistan, la chute des taliban signe leur désengagement forcé de l'Afghanistan qu'ils entendaient contrôler. Pour l'Arabie Saoudite également, prise entre le marteau et l'enclume, la guerre que les Américains mènent dans ce pays met fin à la domination que les wahhabites exerçaient sur le régime.

Au nom de l'ONU cette fois, les États-Unis sont ainsi devenus en Afghanistan les seuls maîtres à bord. Ils peuvent désormais mener à bien, avec les anciennes Républiques soviétiques et la Russie elle-même, le projet de détournement du pétrole et du gaz en provenance du

Turkménistan et du Kazakhstan, une alternative aux ressources de la péninsule arabique, une précaution, un placement au cas où le régime de Riyad révélerait sa fragilité. Seul l'Iran voisin pourrait contrecarrer le projet. Ce pays est ainsi devenu, en bonne logique, ce qu'au temps de Staline ou de Brejnev on aurait appelé un « allié objectif » du terrorisme. Il figure à ce titre aux côtés de l'Irak sur la liste des États que la vertueuse Amérique pourrait se voir contrainte de châtier. N'a-t-elle pas déjà procédé de la sorte ?

Une nouvelle structure « étatale » : la nébuleuse

Le trait novateur de la guerre contre l'envahisseur soviétique en Afghanistan fut que la sainte alliance ne se manifesta pas comme telle, l'irruption des volontaires venus au secours des Afghans n'émana pas des États mais d'une *fatwa* des ulémas. On retrouve une situation de même nature lorsque, après la *fatwa* contre Rushdie, tantôt le pouvoir d'État à Téhéran l'assume, tantôt il s'en défausse sur les ayatollahs.

La transition entre la phase 1, où les États sont seuls comptables des actions de guerre, à moins de soutenir le terrorisme en sous-main, et la phase 2, où les structures non étatiques se substituent aux États, peut se situer à la conférence islamique de Taef en 1981, lorsque le djihad est proclamé pour la Palestine mais non pour l'Afghanistan, où l'on appelle seulement les États islamiques à coopérer avec l'ONU pour mettre un terme à l'invasion. À cette date, les États définis comme socialistes, tels l'Algérie de Chadli ou les régimes ba'thistes liés à l'URSS, s'abstiennent de prendre position, ce qui alimente la vindicte des islamistes.

Ainsi, ce fut une *fatwa* des ulémas qui intervint, comme en d'autres circonstances firent pression sur les gouvernements dans un sens activiste ou dans un sens modéré les Sommets islamiques depuis 1969, le Sommet islamique mondial, la Conférence arabe et islamique (hostile à Riyad), etc. Dans ces instances interviennent des groupes de pression tels que les Frères musulmans, liés à Jamaat-I-Islami, communauté islamique née en Inde musulmane. Leurs dissidents peuvent être intégrés à l'établissement politique ou au contraire animer un courant révolutionnaire.

Lors de la guerre du Golfe, en 1990, c'est l'Égypte de Moubarak qui fournit les plus gros contingents aux forces combattant Saddam Hussein. Mais, cette fois, les soldats américains sont présents, en force, avec l'accord et la bénédiction des dirigeants du Golfe de sorte que, pour l'islamisme radical, la Terre sainte était deux fois occupée : Jérusalem par Israël, et l'Arabie, terre du prophète, par les Américains. Saddam Hussein a su jouer de cette situation pour apparaître comme le défenseur de l'Islam et s'assurer la sympathie des foules musulmanes au Maghreb et ailleurs.

Mais la connivence entre les États-Unis et Fahd d'Arabie a suscité parallèlement la sécession d'un des éléments de la nébuleuse islamique qui avait combattu en Afghanistan, celle d'Al Qaïda et de ses dirigeants, Oussama Ben Laden et Ayman al-Zawahiri.

En fait, depuis la guerre du Golfe et cette sécession, pointe avancée de la nébuleuse radicale qui entend islamiser la modernité par toutes les forces du djihad, Al Qaïda veut frapper à la tête et pas seulement Israël. « Déclarant la guerre aux Américains », voulant « mettre fin aux États-Unis », Al Qaïda organise un premier attentat contre le World Trade Center en 1993 ; la même année en Somalie, une opération d'anciens « Afghans » fait dix-huit morts parmi les militaires américains, ce qui est célébré comme une première victoire ; en août 1998 — huitième anniversaire du débarquement des troupes américaines en Arabie — sont détruites, simultanément, les ambassades des États-Unis à Nairobi (Kenya) et à Dar es-Salam (Tanzanie). Une autre attaque était prévue contre celle située à Paris, indépendamment des coups de main contre des navires de l'US Navy à Aden. Puis ce fut le 11 septembre 2001.

À cela s'ajoutent les effets collatéraux de ces attaques symboliques. À la différence des organisations palestiniennes, qui dépendent de crédits extérieurs et qui, dans leurs pratiques terroristes, ne s'insèrent pas dans des dispositifs économiques, Al Qaïda est une puissance financière, dont l'immense fortune de Ben Laden ne constitue qu'un élément. Le dispositif de ses réseaux est décrit dans l'ouvrage de J.-C. Brisard et G. Dasquié, et leurs liens avec les sources américaines de financement du djihad antisoviétique dans celui de Richard Labévière. De sorte que le choix des cibles répond à des objectifs transparents. Ainsi, prenant la relève des détournements d'avions dans les décennies précédentes, l'attaque du 11 septembre pouvait déstabiliser l'activité des transports aériens et les bénéfices tirés du tourisme. Entièrement intégré à la modernité technologique et financière, Al Qaïda s'est félicité, fin 2001 semble-t-il, des coups ainsi portés à l'économie américaine et des pertes à Wall Street les semaines qui ont suivi septembre et qui auraient atteint 16 %. Par ailleurs, le tourisme constitue une activité qu'abhorrent les mouvements islamistes extrêmes car il propage « les mœurs dissolues de l'Occident » jusqu'au cœur des pays sur lesquels il jette son dévolu. Cette appréciation rend compte de l'attentat commis à Louxor en 1997 où 68 touristes furent massacrés, aux lieux précisément où l'on commémorait le 126e anniversaire de la première de l'opéra *Aïda*, interprété pour la première fois en Égypte en 1871 sous le khédive Ismail dont la politique incarnait cette tentation de l'Occident aujourd'hui rejetée par l'islamisme extrême. La même année, 18 touristes grecs étaient assassinés dans un hôtel du Caire. Quant aux 21 touristes pris en otages à Sipadan, en Malaisie, ils étaient également victimes du même réseau dont les membres philippins constituaient un « élément dormant ».

Une autre figure des actions de la nébuleuse marque bien le passage d'une époque où le terrorisme pouvait émaner des États — à ne pas confondre, bien entendu, avec la terreur d'État — à une époque où l'État terroriste peut se sentir menacé par une instance de l'islamisme radical. Ce retournement rend compte de la position de Kadhafi, autrefois pilote d'un certain terrorisme et menacé, ces dernières années, par des groupes qui jugent son Islam trop laxiste. Il s'agit de Jama al-Islamiya al-Muqatila, un groupe qui s'est formé durant les années 1990 grâce aux dollars saoudiens, doté de missiles américains en Afghanistan et qui, fort de 2 500 hommes environ, tous anciens « Afghans », entendent renverser Kadhafi à leur retour. Leur base arrière est au Soudan. Or, vers 1993, Ben Laden comptait faire de la Libye son sanctuaire avant de jeter son dévolu sur l'Afghanistan. Ce groupe est en contact avec les services secrets anglais et américains pour éliminer Kadhafi entre 1996 et 1999. Son intervention dans une affaire d'otages aux Philippines, que gère Abu Sayyaf, intervenu également dans le premier attentat contre le World Trade Center, lié familialement aux Ben Laden, rend compte de cette action qui apparut quelque peu insolite à la presse occidentale et aux Américains.

On retrouve là les méfaits de la vision occidentaliste de l'Histoire. Hérité de la Guerre froide, le regard porté sur les autres mondes est une sorte de clignotant qui n'aperçoit que de manière intermittente les événements qui n'entrent pas dans ce champ, à moins de les y faire entrer à tort. On sait comment les officiels américains, CIA en tête, ont nourri, dans leur fondamentalisme* anticommuniste ou antisoviétique, n'importe quelle force qui pouvait contribuer à abattre « l'Empire du Mal ». Plus que tout autre, Zbigniew Brzezinski a incarné cette politique. Ainsi ont-ils soutenu le nationalisme arabe quand ses progrès pouvaient faire barrage à l'expansionnisme soviétique. Puis ils ont soutenu l'Islam traditionaliste, notamment de Riyad puis de Sadate quand les autres figures de la nation arabe se voulaient plus laïques. Ensuite, ils ont alimenté les réseaux d'Al Qaïda quand ceux-ci se sont fait fort d'aider à l'expulsion des Soviétiques d'Afghanistan.

Ils n'ont pas voulu voir que ces derniers étaient, certes, hostiles au communisme athée qui menaçait l'Islam, mais que les États-Unis incarnaient une relève de l'impérialisme qui les menaçait jusque dans leur identité. Agents de la mondialisation, alliés impétrants d'Israël, les Américains nourrissaient chez les islamistes, et dans les rues de ces villes condamnées à la dérive, une haine plus tenace et plus profonde que les Soviétiques. Dans ce contexte et pour autant que le réseau Al Qaïda avait ses racines plongées dans la finance américano-saoudienne, était-il difficile de dégager le sens des événements et de dénouer les liens entre États et instances islamiques, Al Qaïda entre autres ?[9]

Ainsi, une fois identifié le sanctuaire afghan et détruit l'État taliban, le géant américain apparut armé d'une force terrible mais qu'un bandeau sur les yeux rendait aveugle : où frapper de la Somalie aux Philippines, en Iran, en Irak, au Soudan ou même en Corée du Nord ? Seule certitude, pas en Arabie Saoudite. La fluidité des réseaux rend ses membres insaisissables, à moins d'une information minutieuse que les services de renseignement possèdent mais que les États menacés ne veulent pas croire : « Il faudrait arrêter trop de gens... » Aux États-Unis, après le 11 septembre, on a identifié 27 structures liées aux seuls réseaux Ben Laden !

Ne maîtrisant que le dispositif des relations entre États, les dirigeants politiques d'Occident sont quelque peu déstabilisés dans leur approche de cette nébuleuse. Sans doute, pour avoir historiquement trop méprisé les stades organisationnels antérieurs à l'État territorial, avaient-ils dans le passé déjà mésestimé la capacité des sociétés nomades à résister à l'occidentalisation, ou avaient-ils regardé avec condescendance les sociétés « tribales ». Aujourd'hui, pour les mêmes raisons, ils ne mesurent pas, hors d'Occident, la force des relations familiales dans leur rapport avec l'État et non seulement par rapport à lui. Le principe de solidarité totale des membres d'une famille vaut pour une bonne part des

9. Pas pour les pétroliers G. Bush père et fils qui étaient chez eux en Arabie Saoudite. D. Yergin publie deux photos les montrant, l'un baptisant un nouveau derrick, l'autre quand, vice-président des États-Unis, G. Bush père rencontre le roi Fahd.

54 parents directs d'Oussama Ben Laden. Leurs fortunes essaimées alimentent des circuits financiers que l'on maîtrise mal. De son côté, Saddam Hussein a su, par le mariage de ses enfants et ses réseaux familiaux constitués par son propre mariage, s'assurer un ancrage dans les instances du pouvoir qui, en dépit des querelles personnelles et des massacres, lui ont permis de perpétuer son régime. En pays d'Islam, la famille peut se trouver être à la fois un maillon et un système, comme l'anthropologie l'a bien montré.

Les cibles de l'islamisme radical n'émanent pas nécessairement d'une seule instance de la nébuleuse. En Égypte, où il est enraciné, Al Gamma Islamiya s'en est pris aux intellectuels qui se défendaient contre une islamisation sauvage et qui furent assassinés, tel Farag Foda en 1992 qui militait contre l'application de la charia et défendait la normalisation des relations avec Israël : « Il était passible d'apostasie puisque né musulman, et passible de mort. » Naguib Nafouz, prix Nobel de littérature en 1994, fut également assassiné pour ses romans jugés indécents. Ces deux meurtres, comme la *fatwa* contre Salman Rushdie, font partie de cette campagne de terreur contre toute forme d'expression mettant en cause le retour à l'Islam. Ces assassinats visent également les Coptes : au moins 150 furent assassinés. Des hautes personnalités d'el-Azhar, d'autres instances tel le grand muphti, ont certes condamné ces excès.

Toute une partie de la population égyptienne est choquée. Youssef Chahine estimait en 1998, alors qu'il était menacé pour son film sur Averroès qui valorisait la réflexion philosophique à côté de celle de l'Islam, que jamais depuis quarante ans il n'avait connu du fait des islamistes une telle atmosphère maccarthyste. Au vrai, le maccarthysme était peu de chose comparé à cette terreur-là.

L'islamisme risque-t-il de s'étendre ? En Égypte, Al Islamiya est une des cinquante associations islamistes qui gravitent autour des Frères musulmans, en bonne partie hostiles à ces excès eux aussi. Les islamistes pratiquent aussi bien l'entrisme par des voies démocratiques, par exemple lors des élections au Parlement où ils ont obtenu 17 % des voix, ou à l'ordre des avocats, pénétrant ainsi le domaine du droit, où leurs réseaux réussirent à faire condamner Nasr Abu Zeid, un universitaire divorcé d'office sous prétexte qu'une musulmane ne peut pas rester mariée à un apostat.

Ainsi, l'application de la charia se voyait légalisée par des juges que leur ordre avait sélectionnés pour cette fin. Pourtant, il se trouve que d'aucuns parmi les islamistes condamnent cet entrisme comme contraire à la pureté de leur projet : « Il faut abattre ces régimes plutôt que se concilier à eux. »

Comme une bonne partie de la population réprouve ces actes, la société militaire que dirige Moubarak tient bon dans sa lutte prioritaire contre l'extrémisme. Elle est suivie par une autre partie de la société, celle qui vit du tourisme ou d'autres activités : il est vrai que les finances américaines tiennent l'économie égyptienne à bout de bras. En outre, les manifestations qui ont accompagné la guerre du Golfe et plus encore celles qui visent Israël sont dirigées autant, on l'a compris, contre un régime désarmé devant la paupérisation d'une partie de la population ou devant ses frustrations. Il en va de même au Maroc. Ici comme là, c'est la conjoncture mondiale qui détermine les réactions. Entre les régimes et une bonne partie de la population, la fracture demeure ; l'alternative islamiste aussi. Et pas seulement dans ces deux pays.

Par contre en Iran, la vague islamiste, par ses excès ultimes, est en partie derrière nous. À l'autre bout du monde également, hormis le Sud, sécessionniste depuis toujours et qui a même constitué une République autonome dite « Bangsa Moro », les Philippines sont trop catholiques, à plus de 80 %, pour se sentir menacées par la montée de l'Islam. Et, dans les autres pays où l'Islam est minoritaire, il dépend de l'État de pratiquer la politique appropriée pour neutraliser ce péril.

Car c'est bien la fracture qui se situe à l'intérieur des mondes de l'Islam qui constitue le problème déterminant. Entre islamistes radicaux et modérés, entre islamistes et réformateurs, entre réformateurs et laïcs ; entre un pouvoir autoritaire qui bride et une partie de la société privée de voix. Sans parler des conflits entre les tentations des différents régimes en pays d'Islam.

L'Iran a connu les abus d'une forme d'intégrisme, avec les taliban, les Afghans en ont connu une autre ; l'Algérie a payé une dette cruelle à la violence, l'Égypte n'a cessé de se sentir menacée... Et le conflit avec Israël comme celui du Cachemire perpétuent la crainte que ces conflits ne dégénèrent.

Mais la vraie menace vient du déséquilibre économique mondial : s'il n'est pas réduit et domestiqué, la terreur prendra de nouveaux visages...

L'OCCIDENT DÉSORIENTÉ

L'Islam ne parle pas d'une seule voix, même si, depuis deux ou trois décennies, c'est la plus agressive vis-à-vis de l'Occident qui se fait entendre. Elle procède, sans doute, de son héritage propre, mais également de cette dégradation sociale généralisée qui atteint aussi les sociétés développées.

Il est clair qu'en France, notamment, les immigrés d'Afrique du Nord demeurent certes musulmans, mais en s'intégrant peu à peu à la société laïque. Bien sûr, ils peuvent se manifester comme tels, un jour dans un stade, un autre contre Sharon ; mais ils ne sont pas intervenus en faveur de Saddam Hussein pendant la guerre du Golfe à la différence de leurs frères d'Algérie, ni sur les conflits internes à leur pays d'origine. On observe également que, musulmans, ils ne le sont guère plus que ne sont catholiques les autres Français si l'on tient compte de la fréquentation des mosquées. Et ce ne sont pas les Beurs qui demandent qu'on en construise d'autres… « Nous sommes prêts à être les Voltaire de l'Islam », disait le recteur de la mosquée de Paris. Ajoutons que le nombre des mariages mixtes avec des métropolitains n'a jamais été aussi élevé, presque autant que celui des Portugais. En outre, signe d'adaptation à la modernité, les mariages des femmes musulmanes avec des métropolitains, ou non avec eux, s'effectuent plus tardivement qu'au Maghreb, de deux à trois ans environ.

Pourtant, devant le choc de l'Islam, l'Occident demeure désorienté. Pour certains n'est-ce pas un effet pervers de la repentance ?

Effet pervers ou fascination

Pendant la guerre d'Algérie, la conscience républicaine et les milieux révolutionnaires ont voulu ignorer que les victimes du régime colonial, passées rebelles et membres du FLN, avaient pu se transformer en oppresseurs et en assassins. En effet, depuis 1954, le terrorisme avait frappé des Européens, certes, des représentants de l'autorité considérés comme des « occupants » et d'autres, mais aussi bien des musulmans, tels ceux qui ne souscrivaient pas aux différentes campagnes de soutien financier, sans parler des rivaux messalistes ou des membres de l'Union démocratique du manifeste algérien de Ferhat Abbas. Or, tandis qu'en métropole d'aucuns dénonçaient avec vigueur les excès commis par l'armée, la torture notamment, aucune voix n'a stigmatisé les crimes du FLN alors que, parmi les victimes, ont été considérés comme traîtres — et pas uniquement par le FLN — non seulement ceux, tels les harkis, qui avaient pu participer à des opérations de ratissage, mais tous ceux qui, en Algérie, avaient voulu devenir français à part entière, et ils étaient nombreux.

Il y a là une contradiction : alors que le principe républicain de la lutte contre les inégalités se trouve conforté par l'attitude d'un certain nombre de colonisés qui jugent que la France peut devenir leur patrie, ces mêmes républicains les répudient au lieu de voir qu'ils incarnent leurs propres idéaux. Il est vrai que le programme du FLN se présentait comme nationaliste, mais aussi bien comme révolutionnaire, ce qui rendait compte de leur connivence. Au vrai, ce que le FLN désignait sous le nom de « révolution algérienne » était la transmutation d'une organisation, le Mouvement des travailleurs et des libertés démocratiques en instance étatique, ce passage s'accompagnant des actions terroristes ou militaires de novembre 1954. Étant donné que, dans ce dispositif, l'Islam n'entrait pas en compte, sauf comme « force mobilisatrice », de même que le monde arabe était utilisé seulement comme « cadre et catalyseur » de l'action, la gauche française était de connivence en toute sérénité.

Repoussoir pour la conscience républicaine, l'Islam n'apparaît pas plus dans l'action des masses égyptiennes sous Nasser, qui, certes, se rend patriotiquement dans les mosquées lors de la crise de Suez — comme le gouvernement Daladier-Reynaud s'était rendu à Notre-Dame en mai 1940 — pour conjurer le destin. On n'en observe pas moins qu'il a fait arrêter les Frères musulmans qui avaient tenté de l'assassiner.

Là se trouve une des contradictions qui se sont reproduites de différentes manières : alors que les chantres de la liberté ou de la révolution stigmatisent avec force les excès de leurs propres institutions, de leur État-nation, ils se font eux-mêmes les avocats des abus commis par les autres États-nations en voie de consolidation pour autant qu'ils combattent le leur propre. Ils suivaient en cela l'exemple de Lénine qui, en 1914, déclarait que les révolutionnaires devaient œuvrer à la défaite de leur propre pays et donner ainsi une chance de l'emporter à la révolution.

Depuis la fin de la Seconde Guerre mondiale, de tous les pays d'Occident, c'est la France qui, dans son rapport aux mondes de l'Islam, a été la plus secouée. Dans leur lutte pour l'indépendance, les populations de la Syrie, du Liban, de la Tunisie, du Maroc, de l'Algérie surtout, avaient fini par ébranler les pouvoirs en place et contribué à la chute de la IVe République et au retour de De Gaulle. Auparavant, si Mendès France avait réussi à mettre fin à la guerre d'Indochine, c'est de Gaulle qui avait pris la gauche à contre-pied en réussissant à négocier avec le FLN et à sortir le pays de la guerre d'Algérie. Le Parti communiste français avait dû dire « oui » ; à gauche, seul le Parti socialiste unifié s'était abstenu.

En partie désarmées idéologiquement, les tendances de gauche, celles de l'ultra-gauche se trouvèrent ragaillardies par les succès de Fidel Castro et du Che, d'une part, et, d'autre part, par la révolution culturelle en Chine puis la création de la Tricontinentale. L'onde de choc de ces mouvements s'étendit jusqu'aux États-Unis où, simultanément, se développèrent le mouvement des *Black Muslims*, celui des *Black Panthers* et la lutte contre la guerre du Vietnam.

En 1968, la jeunesse allemande précéda le mouvement de mai dans les universités françaises qui fut encadré et piloté par nombre d'organisations trotskistes, maoïstes et anarchistes tandis qu'avec la fin du printemps de Prague et les désaveux du comportement des communistes sur la question algérienne, le PC perdait pour toujours l'hégémonie intellectuelle qu'il avait exercée depuis la fin de la guerre, au moins en France et en Italie. Simultanément, dans toute l'Europe occidentale, le temps des masses ouvrières commençait à passer, de sorte que les états-majors de leurs organisations ne disposaient plus de troupes. Depuis l'expérience de mai 1968, la classe ouvrière, sur laquelle ils avaient fondé la légitimité historique de leur action, ne répondait plus.

Ces désillusions rendent compte de l'exaspération de ces états-majors qui assistent au réinvestissement de l'ordre social et politique par la « bourgeoisie » dominante et l'État dont elle a gardé le contrôle. Ainsi, en Europe, de scissions en scissions surgissent des organisations qui jugent que seul le terrorisme en viendra à bout. En Italie, face à un État « fictif et méprisé », apparaissent les Brigades rouges, nées à la fin de 1969 et dont les pratiques terroristes se développent jusqu'à l'enlèvement et l'exécution du Premier ministre Aldo Moro en 1978. L'Allemagne connaît un phénomène voisin durant les mêmes années avec les groupes animés par Meinhof et la « bande à Baader » (1972). Au même moment, en Uruguay, les Tupamaros font alterner terrorisme et guérilla urbaine. Partout, c'est l'État qui est mis en cause ; et il en va de même jusqu'en Corse où ce tournant est une nouveauté idéologique car il ne s'agit pas d'une sédition mais d'une critique de la gestion des pouvoirs publics à laquelle, depuis les événements d'Aléria, on en oppose une autre.

C'est également autour de 1970 que l'armée rouge japonaise lance ses premières campagnes terroristes et noue une alliance technique et stratégique avec l'organisation de Georges Habache en Palestine.

Notons la concordance : tandis qu'en Occident et au Japon, l'écho de 1968 s'éloigne et avec lui les perspectives politiques qui avaient pu s'ouvrir aux révolutionnaires, une vague terroriste apparaît, notamment en Allemagne et au Japon, mais également en Italie où les Brigades rouges espèrent ainsi abattre le régime insubmersible des démocrates-chrétiens.

Or, durant les mêmes années, après le désastre militaire de la guerre des Six-Jours, estimant que les États arabes sont décidément incapables d'agir efficacement contre Israël, les Palestiniens décident de rompre avec la guerre conventionnelle circonscrite à ces territoires et de porter le terrorisme hors des aires de conflit. Ainsi, cette guerre de 1967 joue le rôle d'accélérateur de la violence terroriste.

Mais il existait un lien, une solidarité entre ces différentes organisations : toutes se disaient marxistes-léninistes, y compris celle du chrétien Georges Habache en Palestine, et elles s'inspiraient toutes de ce qui se passait à Cuba, en Chine, au Vietnam, leurs animateurs provenant souvent des campus universitaires.

Avec cette particularité que l'antiaméricanisme fit alors une apparition violente, autant sous l'influence des gauchistes allemands que de l'armée rouge japonaise. La greffe prit, si l'on peut dire, avec le FPLP lorsque Shigeno Fusako, ancienne *topless* dans un bar de Tokyo et Pasionaria de cette armée rouge, devint à la fois son chef et la maîtresse de Georges Habache. Dans l'entre-deux, elle avait confié à son mari une mission kamikaze dont il ne revint pas.

Ainsi, entre ces personnages se noua une sorte de réseau, une internationale, sans tête, du terrorisme. Idéologiquement confrères, ils ne pouvaient qu'attirer la sympathie d'autres marxistes-léninistes qui, ici ou là, et en France aussi bien, prétendaient incarner une classe ouvrière en voie de régénérescence. De toute façon, si la

Fraction armée rouge de Baader conserva quelque temps un noyau stable en Allemagne, les Cellules révolutionnaires et le Mouvement du 2 juin, fondés ultérieurement, se placèrent sous la houlette des mouvements terroristes palestiniens.

Le marxisme de ces groupes différait profondément de celui auquel ils se référaient, qu'ils s'affirmassent fils de Lénine, de Trotski ou de Mao. D'abord, parce que ces révolutionnaires-ci avaient condamné le terrorisme anarchiste et populiste. Ensuite, parce que la classe ouvrière qu'ils prétendaient incarner demeurait étrangère à ces actions, terroristes ou non. Seule la lutte contre l'impérialisme américain — et son allié, le « sionisme » israélien — recouvrait les schémas traditionnels de la lutte politique. Ces actes de terrorisme s'effectuaient néanmoins, chez certains de leurs promoteurs, au nom de la lutte des classes et du mouvement ouvrier. Or, bons élèves de Lénine sur ce point, ils jugeaient qu'il n'y avait pas besoin que les ouvriers participassent au mouvement — si tant est qu'ils en fussent même informés — pour qu'en leur nom le combat porte le signe de la révolution.

C'est au nom de la légitimité du combat des faibles contre leurs oppresseurs que des Français, en Algérie, avaient porté des valises : les connivences entre les groupuscules européens et les groupes terroristes palestiniens relevaient des mêmes principes. Et tous voyaient plus ou moins dans cette émancipation et dans les actions terroristes le levier d'un nouvel ordre révolutionnaire. Pas le levain d'une renaissance de l'Islam ! Car ce fut l'islamisme qui sortit de la bouteille.

C'est bien lui en effet qui apparut en plein jour lors de la révolution iranienne. Quel choix faire alors pour ces marxistes et autres républicains gauchistes qui, contre le christianisme depuis plus d'un siècle, avaient lutté pour éradiquer la religion de l'État, sinon de la société ? Devant le défi de l'Islam, terroriste ou non, comment ont réagi les révolutionnaires, les républicains, les laïcs ?

Lorsque l'inimaginable a eu lieu, le 11 septembre 2001, Jean Baudrillard sentit qu'il régnait une sorte de jubilation à la mesure de la condamnation et de l'union sacrée contre le terrorisme. « Nul ne pouvait ne pas rêver de la destruction de n'importe quelle puissance devenue à ce point hégémonique. » De fait, à la mondialisation, que maîtrisent seuls les États-Unis, même s'ils ne la représentent pas à eux seuls, a répondu une mondialisation du ressentiment. À ceci près que l'Occident a caché cette jubilation, qu'ont fait éclater, à l'inverse, ceux qui se jugeaient victimes de cette mondialisation.

Certes, le martyrologe des volontaires a été mis au compte de l'Islam, mais le monde de la chrétienté et le Japon les ont respectés autant qu'ils les ont jugés. Ce pas vers la reconnaissance vient après celui de plusieurs autres. Ainsi, Roger Garaudy, militant chrétien, puis communiste, vrai stalinien excommunicateur qui, désillusionné par différentes expériences, juge, au milieu des années 1990, que, si l'islamisme constitue la maladie de l'Islam, dans cet Islam, Jésus est bien un prophète. En un sens, Michel Foucault, en octobre 1978, allait plus loin encore. Son enquête en Iran rappelle irrésistiblement les « Retours de Moscou » des sympathisants des années 1930.

« "Que voulez-vous ?" C'est avec cette seule question que je me suis promené à Téhéran et Qom dans les jours qui ont suivi immédiatement les émeutes. Je me suis gardé de la poser aux professionnels de la politique, j'ai préféré discuter longuement parfois avec des religieux, des étudiants, des intellectuels intéressés aux problèmes de l'Islam, ou encore avec de ces anciens guérilleros qui avaient abandonné la lutte armée en 1976 et décidé de mener leur action sur un tout autre mode, à l'intérieur de la société traditionnelle. "Que voulez-vous ?" Pas une seule fois, je n'ai entendu prononcer le mot "révolution". Mais quatre fois sur cinq on m'a répondu : "Le gouvernement islamique" [...]. Une autorité religieuse m'a expliqué qu'il faudrait de longs travaux d'experts civils et religieux, savants et croyants, pour éclairer tous les problèmes posés auxquels le Coran n'a jamais prétendu donner de réponse précise. Mais on peut trouver des directions générales : l'Islam valorise le travail ; nul ne peut être privé des fruits de son labeur ; ce qui doit appartenir à tous (l'eau, le sous-sol) ne devra être approprié par personne. Pour les libertés, elles seront respectées dans la mesure où leur usage ne servira pas à autrui ; les minorités seront protégées à condition de ne pas porter dommage à la majorité ; entre l'homme et la femme, il n'y aura pas inégalité de droits mais différence puisqu'il y a différence de nature [...]. On dit souvent que les définitions du gouvernement islamique sont imprécises. Elles m'ont paru au contraire d'une limpidité très familière, mais je dois dire assez peu rassurantes. "Ce sont les formules de base de la démocratie bourgeoise ou révolutionnaire, ai-je dit ; nous n'avons pas cessé de les répéter depuis le XVIIIe siècle, et vous savez à quoi elles ont mené." Mais on m'a répondu aussitôt : "Le Coran les avait énoncées bien avant vos philosophes, et si l'Occident chrétien et industriel en a perdu le sens, l'Islam, lui, saura en préserver la valeur et l'efficacité." [...] Mais il y a deux questions qui me touchent davantage : à l'aurore de l'Histoire, la Perse a inventé l'État et elle en a confié les recettes à l'Islam... de ce même Islam, elle a fait dériver une religion (le chiisme) qui a donné à son peuple des ressources indéfinies pour résister au pouvoir de l'État. Faut-il y voir une réconciliation, une contradiction, ou le seuil d'une nouveauté ? [...] Et puis, peut-être les sujets révoltés du Chah sont-ils en train de rechercher cette chose que nous avons oubliée depuis si longtemps en Europe : une spiritualité politique. »

Indulgence, ici, pour ceux qui veulent détruire, transformer, transfigurer l'État ; intelligence, là, qui décèle une jubilation partagée au regard d'une surpuissance humiliée, expression d'un antiaméricanisme contenu ou refoulé.

Dans les deux cas, on escamote tout un versant de la réalité : les méthodes, pas même mises en cause pour autant qu'elles sont violentes, révolutionnaires ; alors que le contenu de l'islamisme était parfaitement identifié dès 1976.

Cette tolérance des révolutionnaires et de certains intellectuels pour les violences commises par ceux qui se considèrent comme des victimes, et l'ont été successivement — les colonisés de la part des colonisateurs —, les Palestiniens de la part des Israéliens, puis les populations d'Islam victimes des figures de l'impérialisme américain, voilà une attitude qui n'est pas propre à ce milieu.

On la retrouve dans l'Église.

En Algérie, bien que les colonisés n'aient pas été chrétiens, on a vu le bas clergé soutenir leurs revendications et même figurer, après 1954, parmi les porteurs de valise. Pendant qu'à l'autre extrême de la hiérarchie, l'attitude de la papauté a pu faire croire à un complot contre la France qu'eût animé le Vatican. La France n'était-elle pas une république laïque, cette gueuse qui avait séparé l'Église de l'État, qui n'avait pas retenu que ses missionnaires ne devaient pas travailler pour leur patrie mais pour le bien commun ?

À l'heure de la décolonisation, n'ayant pas oublié l'attitude équivoque de la papauté devant le nazisme, ses sympathies pour Franco et le régime de Vichy, son silence opaque devant le sort des juifs, on s'interrogea sur cette solidarité de l'Église avec les colonisés, même musulmans, sur l'attitude de la papauté hostile à Israël mais favorable au grand muphti. Sans doute n'y a-t-il aucune connivence entre l'attitude du haut et du bas clergé, celui-ci étant volontiers critique de celui-là.

Cette apparente convergence ne pose pas moins problème ; s'agissant du comportement de la papauté concernant le sort tragique des Églises d'Orient, certaines positions vis-à-vis de l'Islam laissent perplexe. Est-ce un tabou d'établir ce parallèle ? Pour rendre compte de son attitude, justifier ses silences lors du génocide, la papauté rappelle qu'elle n'a pas pu non plus aider le clergé catholique polonais. Mais elle réitère les mêmes arguments en n'intervenant guère lorsque les pays d'Islam, redevenus indépendants, ont peu à peu éliminé les minorités chrétiennes d'Orient, tels les Coptes, les Maronites. Nul doute que, dans le premier cas, des prêtres polonais ont été sacrifiés à la haine et à la crainte du bolchevisme plus qu'à la fascination du nazisme.

Mais, dans le second cas, n'y a-t-il pas aussi fascination par l'Islam ? Dans un essai stimulant, écrit en 1996, Alain Besançon se demande si, peu ou prou, ne se retrouve pas aujourd'hui une situation que le christianisme a connue autrefois lors des conquêtes de l'Islam. Aux VIIe et VIIIe siècles, l'Église était en crise, les hérésies nombreuses au point qu'on a pu croire que l'Islam en était une nouvelle, et cette crise a pu déterminer la conversion massive, parfois forcée, de chrétiens à l'Islam. Pour se sentir protégés, bénéficier du statut de *dhimmis** et ne pas être massacrés, ils essayaient de se faire transparents et pratiquaient une culture de soumission. Quant à l'Église indépendante d'Occident, elle adopta vis-à-vis de l'Islam diverses attitudes dont on retrouve l'héritage aujourd'hui : le refus, la négociation, la tentation syncrétique, dont le marcionisme* fut une figure.

Il en irait de même ce dernier demi-siècle. On observe une crise de la foi autour de soi et chez soi, mais aussi une « attirance pour les vertus supposées conservées par cette société traditionnelle », sympathie pour une religion qui assure « une présence honorable de Marie et de Jésus dans le Coran » (Sourate *La Table servie*) alors que les juifs n'honorent pas Jésus fils de Marie. L'espèce de symétrie qu'établissent les déclarations catholiques entre juifs et musulmans constitue un déni de filiation par rapport à Israël en détachant les chrétiens de leurs racines bibliques, en les fragilisant par rapport à l'Islam. Bref, admettre un parallèle entre « les trois religions du Livre » est une façon de dissocier le christianisme du judaïsme. Pour l'Islam, au contraire, ce parallèle est justifié puisque l'Histoire commence avec Mahomet, et le Coran dévalue et annule tout ce qui a pu précéder.

On est en droit de se demander si cette volonté de rencontre des chrétiens avec l'Islam ne prédispose pas ceux qui s'y prêtent à une position virtuelle de *dhimmis*. Comment ne pas penser à *Rhinocéros* d'Eugène Ionesco, où, menacés de se voir transformés en cette bête étrange, les personnages de la pièce jugent qu'après tout, on peut se féliciter de finir par lui ressembler. Eugène Ionesco avait imaginé cette allégorie en relation avec certains comportements dans les régimes totalitaires. Mais n'est-ce pas valable également pour ceux qui connaissent la tentation de l'islamisme, cet autre totalitarisme ?

Il est pourtant clair, on l'a vu, que l'Islam ne se réduit pas à l'islamisme extrême, à ce que bien des musulmans ont appelé sa maladie...

L'exemple de la révolution iranienne témoigne de la lente et longue résistance, souvent victorieuse, de toute une population, jeune surtout, à ses excès, voire à son principe même. La société égyptienne, mais pas elle seulement, résiste à ce défi : mais ici comme dans d'autres parties des mondes de l'Islam, c'est la mise en cause des régimes, de leurs pratiques, également les effets de la mondialisation qui nourrissent cette tentation de l'extrémisme, qui peuvent la nourrir encore... En Europe, la peur du futur n'a-t-elle pas sécrété, également, une forme nouvelle de populisme extrémiste ?

Sans doute convient-il, d'abord, de ne pas se méprendre sur les apparences : porter une croix sur soi à Moscou en 1989 était le signe d'un rejet du communisme plus que celui d'un retour à la religion ; de même, on l'a vérifié, le port du tchador, quand il est spontané, a pu être un signe d'insubordination autant qu'une manifestation d'intégrisme.

Surtout, il est apparu que la couleur du drapeau importe peu. Tant que, faute de mesures adéquates, les rapports inégaux créeront frustrations et désespoir, ici comme ailleurs, une bête immonde resurgira.

Aux citoyens libres de réagir, pour l'en prévenir.

Glossaire

Alaouites ou Nosayris : rameau chiite du nord de la Syrie, près de Lattayieh.

Ayatollah : grand chef religieux digne de pratiquer officiellement l'interprétation des textes islamiques.

Cadi : juge.

Calife : successeur de Mahomet.

Charia : loi, normes tirées du Coran.

Cheikh Ül-Islam : chef des dignitaires juridico-religieux.

Chérif : descendant du prophète Mahomet.

Chiisme, chiites : ou les Shi'at Ali, partisans d'Ali, gendre de Mahomet ; ne reconnaissent que ses descendants pour imams — les chiites affirment l'inspiration divine de l'imam, le douzième demeurant « caché ». Ils ne reconnaissent pas les califes.

Dhimmis ou Zimmi : sujet protégé, non musulman.

Djihad : 1) guerre sainte, défensive ou conquérante. 2) Effort sur soi.

Fatwa : sentence rendue par un cheikh ou un muphti.

Fondamentalisme : moderniser l'Islam en en préservant les fondements.

Hezbollah : parti d'Allah.

Imam : douze premiers descendants du Prophète ; leader religieux charismatique.

Intégrisme : application de la loi dans son intégralité.

Islamistes : musulmans qui interviennent pour que triomphe l'intégrisme.

Ismaéliens : chiites qui arrêtent la filiation d'Ali au 3e imam, Ismail, mort en 762.

Majless : parlement iranien.

Mamelouks : anciens esclaves exerçant des activités administratives, militaires et politiques. Règnent sur l'Égypte de 1250 à 1517.

Marcionisme : hérésie chrétienne (IIe-Ve siècle) ; rejette l'Ancien Testament.

Médersa : établissement d'enseignement.

Mollah : théologien au plus bas de l'échelle.

Mujahid, Mujahidine : gauche islamique (Iran).

Muphti : haut dignitaire pouvant rendre une fetvâ.

Nosayris : *voir* Alaouites.

Pasdaran : gardiens de la révolution.

Pharaonisme : glorification de l'Égypte préislamique.

Savak : police politique du Chah.

Sunnites : représentants orthodoxes de la tradition (sunna) qui reconnaissent comme légitime la transmission du califat aux Omeyyades après l'assassinat d'Ali (662).

Tariqa : communauté soufie.

Tchador : voile traditionnel.

Tchagatai : 1) parlant en turc islamisé. 2) populations du Turkestan.

Tekke : couvent de derviches.

Toudeh : parti communiste iranien.

Tsahal : forces armées israéliennes.

Ulémas : ceux qui ont la connaissance de la tradition, du droit canon, de la théologie. Docteurs de la loi coranique.

Umma : communauté de croyants.

Vakf : fondation pieuse.

Vélâyat-é-Faqih : (Iran) principe d'indissociabilité du religieux et du politique.

Wafd : députation, délégation.

Watan : le chez-soi, la patrie.

Zimmi : *voir* Dhimmis.

Bibliographie

Nous voudrions dire notre reconnaissance envers ces auteurs dont l'œuvre nous a particulièrement stimulé : Omar Carlier, Olivier Carré, John K. Cooley, Jocelyne Dakhlia, Fahrad Khosrokhavar, Gilles Kepel, Henry Laurens, Abdelwahab Meddeb, Yann Richard, Olivier Roy, Lucette Valensi, Abdessalam Yassine.

ABD EL KHAH Fariba, BAYART Jean-François, ROY Olivier, *Thermidor en Iran*, Paris, Complexe, 1993, 144 p.

ABD El MALEK Anouar, *La Pensée politique arabe contemporaine*, Paris, Seuil, 1970, 380 p.

ALLÈS Élisabeth, *Une anthropologie des musulmans de Chine*, EHESS, 2000, 334 p.

ANDELMAJID Hannoun, « Historiographie et légende du Maghreb : la Kahina ou la production d'une mémoire », *Annales 3*, 1999, p. 667-687.

AUBIN Françoise, « Islam et christianisme au crépuscule du communisme », *in* Kepel, 1993, p. 141-175.

BALACHANDRAN G., « Religion and nationalism in modern India », *in Unravelling the Nation. Sectarian Conflict and India's Secular Identity*, K. Basu et S. Subra/manyam (eds), India, Penguin Books, 1996, 224 p., p. 81-128.

BARNAVI Elie, *Une histoire moderne d'Israël*, Paris, PUF, 1982, Flammarion, 1988, 336 p.

BASBOUS Antoine, *L'Islamisme, une révolution avortée ?*, Paris, Hachette, 2000, 282 p.

BAT YE'OR, « Juifs et chrétiens sous l'Islam », *Dhimmitude et marcionisme*, Commentaire, n° 97, 2002, p. 105-116.

BAUDRILLARD Jean, *L'Esprit de terrorisme*, Galilée, 2001, 46 p., *Le Monde*, 3 nov. 2001.

BENNIGSEN Alexandre, ENDERS-WIMBUSH S., *Muslim-National Communism in the Soviet Union, a Strategy for Colonial World*, Chicago Press, 1979, 267 p.

BENNIGSEN Alexandre, QUELQUEJAY Chantal, *Les Mouvements nationaux chez les musulmans de Russie*, Moulon, 1960.

BENNIGSEN Alexandre, QUELQUEJAY-LEMERCIER Chantal, « L'Islam parallèle en Union soviétique. Les organisations soufies dans les Républiques Tchechens-Ingouches », CMRS (Cahiers du monde russe et soviétique), XXI, I, 1980.

BENNIGSEN Alexandre, QUELQUEJAY-LEMERCIER Chantal, *Le Soufi et le commissaire ; les confréries musulmanes en URSS*, Paris, Seuil, 1986.

BERQUE Jacques, *Le Maghreb entre deux guerres*, Paris, Seuil, 1969, 492 p.

BESANÇON Alain, *Trois Tentations dans l'Église*, Paris, Calmann-Lévy, 1996.

BEYSSADE P., *La Ligue arabe*, Planète, 1965.

BONTE Pierre, CONTE Édouard, DRESH Paul (sous la dir. de), *Émirs et Présidents*, CMRS, 2001, 370 p.

BRESC Henri, VEAUVY Dustin (sous la dir. de), *Mutations d'identités en Méditerranée, Moyen Âge et époque contemporaine*, Paris, Bouchene, 2000.

BRZEZINSKI Zbigniew, *Le Grand Échiquier, l'Amérique et le reste du monde*, Plinel, 1997, 272 p.

BRISARD Jean-Charles, DASQUIÉ Guillaume, *Ben Laden, la vérité interdite*, Paris, Denoël impacts, 2001, 332 p.

BURGAT François, *L'Islamisme en face*, Paris, La Découverte, 1995, 2001, 2002, 304 p.

CARDINI Franco, *Europe et Islam, histoire d'un malentendu*, Paris, Seuil, 2000, 332 p.

CARLIER Omar, *De l'Islahisme à l'Islamisme, la thérapie politico-religieuse du F.I.S.*, Cahiers d'Études africaines, 126, XXXII-2, 1992, p. 185-219.

CARRÉ Olivier, *Septembre noir. Refus arabe de la résistance palestinienne*, Paris, Complexe, 156 p., 1980.

CARRÉ Olivier, *L'Utopie islamique dans l'Orient arabe*, PFNSP, 1991, 276 p.

CARRÉ Olivier, MICHAUD Gérard, *Les Frères musulmans, 1928-1982*, Paris, 1983, 240 p.

CARRÈRE D'ENCAUSSE Hélène, *Réforme et Révolution chez les musulmans de l'Empire russe, Bukhara, 1867-1924*, Paris, Armand Colin, 1966, 310 p.

CARRÈRE D'ENCAUSSE HÉLÈNE, *L'Empire éclaté*, Paris, 1978, 310 p.

CERNJAK V. A., *Naucnyi progress i religya religya*, Alena Ata, 1976, 214 p.

CHALIAND Gérard (sous la dir. de), *L'Arme du terrorisme*, Paris, Louis Audibert, 2002, 156 p.

CHAQUERI Cosroe, *La Social-Démocratie en Iran*, Florence, 1979, 1980, p. 663-669.

CHOMSKY Noam, *Autopsie des terrorismes*, Paris, Le Serpent à plumes, 2001, 154 p.

CHOUKOUROV Charif et Rivstam, *Peuple d'Asie centrale*, Paris, Syros, 1994, 200 p.

COOLEY John K., *Unholy Wars. Afghanistan, America and International Terrorism*, Londres, Pluto Press, 1999, 300 p.

COPEAUX Étienne, *Espaces et temps de la nation turque. Analyse d'une historiographie nationaliste, 1931-1993*, CMRS, 1997, 370 p.

COPEAUX Étienne, « Les préfigurations d'Atatürk, Bilge Kagan et le sultan Alp Arslan », *Revue du monde musulman et de la Méditerranée*, 2000, p. 217-245.

CORAN (le), trad. Masson, préface de J. Grosjean, Paris, Gallimard, Folio, 1967, 2 vol.

CORM George, *Le Proche-Orient éclaté, 1956-1991*, Paris, Gallimard, Folio, 560 p.

CRECELIUS Daniel, « Non ideological responses of the Egyptian Ulama to modernization », *in* N. R. Keddie, 1972, p. 167-209.

DAKHLIA Jocelyne, *Le Divan des rois*, Paris, Aubin, 1998.

DAKHLIA Jocelyne, *Le Politique et le religieux dans l'Islam*, Paris, Aubier, 1998, 428 p.

DAKHLIA Jocelyne, « La "culture nébuleuse" ou l'Islam à l'épreuve de la comparaison », *Annales*, nov.-déc. 2001, p. 1177-1201.

DIGARD Jean-Pierre, « L'autre Shiisme », *Annales ESC*, 1980, p. 660-676, C. Z. de Y. Richard.

DJALILI Mohammad-Reza, *Diplomatie islamiste. Stratégie internationale de khomeinysme,* Paris, PUF, 1989, 240 p.

DORRONSORO Gilles, *La Révolution afghane,* Karthala, 2001, 346 p.

DUDOIGNON Stéphane A. (sous la dir. de), *En Asie centrale soviétique,* CMRS XXXII, EHESS, 1991.

DUDOIGNON Stéphane A. (sous la dir. de), *En Islam sibérien,* CMRS 41, 2000, p. 208-344.

DUDOIGNON Stéphane A., GEORGEON François (sous la dir. de), *Réformisme musulman en Asie centrale,* CMRS, 1996 (1-2).

DUMONT Paul, *Atatürk,* Paris, Complexe.

DUMONT Paul, « La fascination du bolchevisme. Enver Pacha et le parti des Soviets populaires, 1919-1922 », CMRS XV 2, 1975, p. 141-166.

ÉTIENNE Bruno, *L'Algérie. Cultures et révolution,* Paris, Seuil, 1977, 320 p.

FARRELL William R., *Blood and Rage. The Story of the Japanese Red Army,* Lexington Books, 1990, 265 p.

FERRIÉ Jean-Noël (sous la dir. de), *Égypte, les paradoxes de la réislamisation,* Monde arabe Maghreb, Paris, La Documentation française, 151, 1996, 142 p.

FERRO Marc, *Comment on raconte l'histoire aux enfants à travers le monde entier*, Paris, Payot, 1981, rééd. 1992, 328 p.

FERRO Marc, *Histoire des colonisations. Des conquêtes aux indépendances,* Paris, Seuil, 1996, 596 p.

FORGING IDENTITIES (edited by Zoya Hasan), *Gender, Communities and the State. Kali for Women,* New Delhi, 1994, 264 p.

FOUCAULT Michel, *À quoi rêvent les Iraniens, Le Nouvel Observateur,* 16 oct. 1978.

GARAUDY Roger, *Vers une guerre de religion ? Le débat du siècle,* Paris, Desclée de Brouwer, 1995, 1761 p.

GARDET Louis, *Les Hommes de l'Islam. Approche des mentalités,* Paris, 1977, rééd. Complexe, 1984, 444 p.

GASPARD François, KHOSROKHAVAR Farhad, *Le Foulard et la République,* Paris, La Découverte, 1995, 214 p.

GEERZ Clifford, *Observer l'Islam. Changements religieux au Maroc et en Indonésie,* Paris, La Découverte, 1992, 150 p.

GEORGEON François, « Sursaut et mort de l'Empire ottoman », *in* Mantran Robert, 1989, p. 523-649.

GEORGEON François, *Le Sultan caché*, « Réclusion du souverain et mise en scène du pouvoir à l'époque d'Abdulhamid II, 1878-1909 », Turcica 29, 1997, p. 93-124.

GODEMENT François, *La Renaissance de l'Asie*, Paris, Éditions Odile Jacob, 1993, 374 p.

GOODY Jack, *L'Orient en Occident*, Paris, Seuil, 1999, 396 p.

GRIGNARD Alain, « Brève genèse de l'islamisme radical », *in* Chaliand Gérard, 2002, p. 85-111.

HAGHIGHAT Chapour, *Iran. La révolution islamique*, Paris, Complexe, 1989, 254 p.

HARBI Mohammed, *Archives de la révolution algérienne*, Paris, Jeune Afrique, 1981, 585 p.

HEIKAL Mohammed H., *Les Documents du Caire*, Paris, Flammarion, 1973, 316 p.

HEISBOURG François, *Hyperterrorisme : la nouvelle guerre*, Paris, Éditions Odile Jacob, 2001, 270 p.

HOLT Peter Malcolm, LAMBTON Anne K., LEWIS Bernard (edited by), *The Cambridge History of Islam*, 3 vol., Cambridge, 1970.

HOURONI Albert, *Histoire des peuples arabes*, Paris, Seuil, 1993, 700 p.

HUNTINGTON Samuel P., *Le Choc des civilisations*, Paris, Éditions Odile Jacob, 1996, 544 p.

L'Islamisme. Les données de l'État du monde, Paris, La Découverte, 1994, 160 p. (voir notamment Burhan Ghalioun).

JACQUARD Roland, *Fatwa contre l'Occident*, Paris, Albin Michel, 274 p., 1998.

JAFFRELOT Christian (sous la dir. de), *Le Pakistan*, Paris, Fayard, 496 p.

JULIEN Charles-André, *L'Afrique du Nord en marche*, Paris, Julliard, 1972, 440 p.

KAMRANE Ramine, *La Fatwa contre Rushdie*, Paris, Kimé, 1997, 128 p.

KAPPELER Andreas, *La Russie, Empire multiethnique*, Paris, Institut d'études slaves, 1994, 416 p.

KARKLINS Rasma, *Ethnic Relation in the Soviet Union. The Perspective from Below*, Boston, Allen and Unwin, 1986.

KEDDIE Nikki R., *Scholars, Sains and Sofis Uslim Religions Institution in the Middle East since 1500*, Berkeley, 1972.

KEDDIE Nikki R., *Roots of Revolution an Interpretative History of Modern Irak,* with a section by Yann Richard, Yale Univ. Press, 1981, 322 p.

KEPEL Gilles (sous la dir. de), *Les Politiques de Dieu,* Paris, Seuil, 1993, 300 p., *voir* les articles de L. Leverrier, F. Khosre Khavar, F. Aubin.

KEPEL Gilles, *Jihad. Expansion et déclin de l'islamisme,* Paris, Gallimard, Folio, 2000, 710 p.

KEPEL Gilles, RICHARD Yann (sous la dir. de), *Intellectuels et militants de l'Islam contemporain,* Paris, Seuil, 1990, 288 p.

KEY Hormuz, *Le Cinéma iranien. L'image d'une société en bouillonnement,* Paris, Karthala, 1999, 322 p.

KHOSROKHAVAR Farhad, *Anthropologie de la révolution iranienne. Le rêve impossible,* Paris, L'Harmattan, 1997, 258 p. ; voir Galt Gaspard Fr.

KHOSROKHAVAR Farhad, ROY Olivier, *Iran : comment sortir d'une révolution religieuse,* Paris, Seuil, 1999, 284 p.

KISSINGER Henry A., *American Foreign Policy,* New York, 3e éd. Norton, 1968, 445 p.

KISSINGER Henry A., *White House Years,* Weidenfeld and Nicolson.

KOUDRIAVTSEV Alexis, « De Ali Shami à Turpal Nokhtcho, "ancêtres arabes" dans les légendes tchétchéno-lugouthes » *in Revue du monde musulman et de la Méditerranée,* Aix-en-Provence, 2000, p. 205-217.

KOUDRIAVTSEV Alexis, COPEAUX Étienne, « Figures mythiques de l'Orient musulman », *in Revue du monde musulman et de la Méditerranée,* Aix-en-Provence, 2000, 382 p.

KREISER Klaus, « Notes sur le présent et le passé des ordres mystiques en Turquie », *in Ordres mystiques,* p. 49-61.

LABAT Séverine, *Les Islamistes algériens,* Paris, Seuil, 346 p.

LABÉVIÈRE Richard, *Les Dollars de la terreur. Les États-Unis et les islamistes,* Grand, 2001, 430 p.

LACOUTURE Jean, LACOUTURE Simone (en coll. avec), *L'Égypte en mouvement,* Paris, Seuil, 1956.

LACOUTURE Jean, *Quatre Hommes et leurs peuples* (pour Bourguiba), Paris, Seuil, 1969, 284 p.

LACOUTURE Jean, *Nasser,* Paris, Seuil, 1971, 356 p.

LAÏDI Zaki, « Sens et Puissance dans le système international », p. 18-47, *in L'Ordre mondial relâché. Sens et Puissance après la guerre froide*, Revue FNSP, 1992, 264 p.

LAROVI Abdallah, *Islam et Modernité,* Paris, La Découverte, 1986.

LAURENS Henry, *Le Retour des exilés : la lutte pour la Palestine de 1869 à 1997*, Paris, Robert Laffont, 1998, 1214 p.

LAURENS Henry, *Paix et guerre au Moyen-Orient. L'Orient arabe de 1945 à nos jours*, Paris, Armand Colin, 1999, 560 p.

LAURENS Henry, *La Question de Palestine,* t. 1 « 1799-1922 », t. 2 « 1922-1947 », Paris, Fayard, 719 p. et 451 p.

LAWRENCE Thomas Edward, *Seven Pillars of Wisdow,* Londres, 1926.

LAYNE Linda L., *Home and Homeland. The Dialogics of Tribal and National Identities, in Jordan*, Princeton Univ. Press, 1994, 150 p.

LEVERRIER Ignace, « Le Front islamique de salut entre la hâte et la patience », G. Kepel *in Les Politiques de Dieu,* p. 25-71.

LEWIS Bernard, *Race et couleur en pays d'Islam,* Paris, Payot, 1982.

LEWIS Bernard, *Comment l'Islam a découvert l'Europe,* Paris, La Découverte, 1984.

LEWIS Bernard, *Le Retour de l'Islam*, Paris, Gallimard, 1985, 506 p.

LEWIS Bernard, « Watan », *Journal of Contemporary History*, 1991-1993, p. 523-535.

LEWIS Bernard, *What Went Wrong, Western Impact and Middle Eastern Response*, Princeton Univ. Press, 2002, 174 p.

LOMBARD Denyz, « L'horizon insulindien et son importance pour une compréhension globale de l'Islam », *Archipel 29,* 1985, p. 35-52.

MALEY William (ed.), *Fondamentalism Reborn,* Londres, Hurst and Company.

MANTRAN Robert (sous la dir. de), *Histoire de l'Empire ottoman*, Paris, Fayard, 1989, 810 p., *voir* les articles de P. Dumont, F. Georgeon, A. Raymond, G. Veinstein.

MARKOVITS Claude (sous la dir. de), *Histoire de l'Inde moderne 1480-1950* (articles de Marc Gaboriau et Chr. Jaffrelot).

MEDDEB Abdelwahab, *La Maladie de l'Islam,* Paris, Seuil, 2002, 222 p.

MEYNIER Gilbert, *L'Algérie révélée,* Genève, Droz, 1981, 793 p.

MIQUEL André, *La Géographie humaine du monde musulman jusqu'au milieu du XIe siècle,* Paris, Moulon, 1975-1980, 3. vol.

MOORE Clément H., « Islamic banks and competitive politics in the Arab world and Turkey », *Middle East Journal,* 1990, 44-2, p. 234-256.

NARIGHI Elisan, *Des palais du Chah aux prisons de la révolution,* Paris, Balland, 1991, 382 p.

NARAGHI Elisan, *Enseignement et changements sociaux en Iran,* MSH, 1992, 216 p.

NOUSCHI André, *Pétrole et relations internationales,* Paris, Armand Colin, 1999, 268 p.

PIPES Richard, *The Formation of the Soviet Union. Communism and Nationalism, 1917-1923,* Harvard, Harvard University Press, 1957, 356 p.

POPOVIC Alexandre, « Les Musulmans en Herzegovine. Mise en place d'une guerre civile », *in Actes de la recherche en sciences sociales 116/117,* 1997, p. 91-105.

POPOVIC Alexandre, VEINSTEIN Gilles (sous la dir. de), *Ordres mystiques dans l'Islam. Cheminements et situation actuelle,* EHESS, 1986.

POUJOL Catherine, *Dictionnaire de l'Asie centrale,* Ellipses, 2001, 352 p.

RAHMAN Fazlouk, « Revival and reform in Islam », *in Cambridge History of Islam,* 2B, p 632-657.

RAILLON François, « L'Ordre nouveau et l'Islam ou l'imbroglio de la foi et de la politique », *in Archipel 30,* 1985, p. 229-261.

RASHID Ahmed, *L'Ombre des taliban,* postface d'O. Roy, Paris, Autrement, 2001, 284 p.

RAUFER Xavier, *La Nébuleuse : le terrorisme du Moyen-Orient,* Paris, Fayard, 1987, 404 p.

RAYMOND André, *Le Caire,* Paris, Fayard, 1993, 428 p.

RICHARD Yann, *Le Shi'isme en Iran,* Paris, 1980.

RICHARD Yann, *voir* Keddie, 1981, p 202-231.

RICHARD Yann, « Clercs et intellectuels dans la république islamique d'Iran », *in Intellectuels et militants,* p. 29-71, 1990.

RODINSON Maxime, *Marxisme et monde musulman,* Paris, Seuil, 1972, 700 p.

ROFF William R., « Islam obscured ? Some reflections on studies of Islam and society in South East Asia », *in Archipel 29,* 1985, p. 1-33.

ROY Olivier, *L'Échec de l'Islam politique*, Paris, Seuil, 1992, voir également Khosro Khavar.

ROY Olivier, *La Nouvelle Asie centrale pour la fabrication des nations*, Paris, Seuil, 1997, 325 p.

SAMIR Abid Cheikh, « Islamic banks and financial institutions, a survey », *in Journal of Muslim Minorities Affairs, XVII, 1*, 1997, p. 118-119.

SAUSSAY Jean, *Ilminskiz et la politique de russification Ilmins'ki, 1856-1891*, CMRS, 1967, p. 404-426.

SCHINA Si May, *Sirâdj al-akhbâr, l'opinion afghane de la Russie*, CMRS, XII, 4, 1971, p. 467-480.

SHLAIM Avi, « The war of the israeli Historians », *Annales*, 2002, à paraître.

SOULIÉ Jean-Louis, CHAMPENOIS Lucien, *Abd el-Aziz Ibn Seoud*, Paris, 1948.

STORA Benjamin, *Messali Hadj, 1878-1974*, Paris, Le Sycomore, 1982, 300 p.

STORA Benjamin, *La Gangrène et l'oubli*, Paris, La Découverte, 1991.

STORA Benjamin, *Histoire de l'Algérie depuis l'indépendance*, Paris, La Découverte, 1995, 124 p.

SUBRAHMANIAN Sanjay, *The Portuguese in Asia, 1500-1700. A Political and Economic History*, Longman, 1993, 320 p.

TERMINASSIAN Taline, *Colporteurs du Komintern : l'Union soviétique et les minorités au Moyen-Orien*t, Revue sciences politiques, 1992, 350 p.

Turquie interpelle l'Europe (la), *Confluences Méditerranée*, L'Harmattan, automne 1997.

VALENSI Lucette, *Le Maghreb avant la prise d'Alger*, Paris, Flammarion, 1969, 142 p.

VALENSI Lucette (sous la dir. de), « Recherches sur l'Islam : histoire et anthropologie », *in Annales ESC*, 1980 ; 3-4, p. 415-864.

VALENSI Lucette, *Venise et la Sublime Porte. La naissance du despote*, Paris, Hachette, 1987, 150 p.

VEINSTEIN Gilles, voir Popovic A., *Ordres mystiques*, p. 293-309.

WIEVIORKA Michel, *Sociétés et Terrorismes*, Paris, Fayard, 1988, 556 p.

YASSINE Abdessalam, *Islamiser la modernité*, al Ofok Impressions, 1998, 322 p.

YERGIN Daniel, *Les Hommes du pétrole*, 2 vol., Paris, Stock, 1991.

ZEGHAL Malika, *Gardiens de l'Islam. Les oulemas d'Alazhar dans l'Égypte contemporaine*, Revue sciences politiques, 1996, 382 p.

ZEGHIDOUR Slimane, « Le règne de l'Islam », *in Politique internationale 49*, 1990, p 155-165, voir Leverrier Ignace.

ZEINE Zeine N., « The Arab lands », *in The Cambridge History of Islam*, N. 1, The Central Islamic Lands, p. 566-595.

Index

Table

L'OCCIDENT DÉSORIENTÉ

Remerciements

Ils vont, comme pour l'*Histoire de France* à ceux qui ont eu la tâche difficile de me lire, de me corriger, de me relire, Christine Murco et Gérard Jorland. Ils vont également à ceux qui m'ont aidé et encouragé de mille manières, Marie-Pierre Thomas et Nadja Vuckovic.

Mes remerciements vont également à Yann Richard qui m'a aimablement fourni la photographie des premiers dirigeants de la révolution islamique en Iran.

Et, bien sûr, à l'équipe épatante, qui, chez Odile Jacob, a publié cet ouvrage.

CRÉDITS PHOTOGRAPHIQUES :

Fig. 1 : cliché Bibliothèque nationale de France, Paris.
Fig. 3 : photographie d'André Raymond extraite de *Le Caire*, de A. Raymond, © Librairie Arthème Fayard, 1983.
Fig. 9 : © Raymond Depardon/Magnum.
Fig. 12 : © Yann Richard.
Fig. 13 : collection bibliothèque de l'Institut d'études slaves.
Droits réservés : fig. 2, 4, 5, 6 ,7 ,8, 10, 11.
La carte géographique a été réalisée par Nathalie Cottrel.

DU MÊME AUTEUR

AUX ÉDITIONS ODILE JACOB

Histoire de France, 2001.

CHEZ D'AUTRES ÉDITEURS

La Révolution de 1917, Paris, Aubier, 1967, 1976 ; rééd. Albin Michel, 1997.

La Grande Guerre, 1914-1918, Paris, Gallimard, 1968 ; rééd. coll. « Idées », 1984.

Cinéma et Histoire, Paris, Denoël, 1976 ; rééd. revue, Paris, Gallimard, coll. « Folio », 1993.

L'Occident devant la révolution soviétique, Bruxelles, Complexe, 1980.

Suez, Bruxelles, Complexe, 1981.

Comment on raconte l'histoire aux enfants à travers le monde entier, Paris, Payot, 1983 ; rééd. Gallimard, coll. « Folio », 1986.

L'Histoire sous surveillance : science et conscience de l'histoire, Paris, Calmann-Lévy, 1985 ; rééd. Gallimard, coll. « Folio », 1987.

Pétain, Paris, Fayard, 1987 ; rééd. 1993, 1994.

Les Origines de la Pérestroïka, Paris, Ramsay, 1990.

Questions sur la Deuxième Guerre mondiale, Paris, Casterman, coll. « XXe siècle », 1993.

Histoire des colonisations, des conquêtes aux indépendances (XIIIe-XXe siècle), Paris, Seuil, 1994.

Les Sociétés malades du progrès, Paris, Plon, 1999.

Que transmettre à nos enfants (avec Philippe Jammet), Paris, Seuil, 2000.

Les Tabous de l'histoire, Paris, Nil, 2002.

Ouvrage publié sous la responsabilité
éditoriale de Gérard Jorland

Cet ouvrage a été composé et mis en pages
chez Nord Compo (Villeneuve-d'Ascq)
et achevé d'imprimer sur Roto-Page
par l'Imprimerie Floch à Mayenne

N° d'impression : 54356
N° d'édition : 7381-1146-X
Dépôt légal : mai 2002

Imprimé en France